REFORMA DO DIREITO CIVIL

*Relatórios Preliminares elaborados ao abrigo do Protocolo
celebrado entre o Gabinete de Política Legislativa
e Planeamento do Ministério da Justiça e as Faculdades
de Direito da Universidade de Coimbra, da Universidade
de Lisboa, da Universidade Católica Portuguesa
e da Universidade Nova de Lisboa*

MINISTÉRIO DA JUSTIÇA
GABINETE DE POLÍTICA LEGISLATIVA E PLANEAMENTO

REFORMA DO DIREITO CIVIL

Relatórios Preliminares elaborados ao abrigo do Protocolo celebrado entre o Gabinete de Política Legislativa e Planeamento do Ministério da Justiça e as Faculdades de Direito da Universidade de Coimbra, da Universidade de Lisboa, da Universidade Católica Portuguesa e da Universidade Nova de Lisboa

ALMEDINA

REFORMA DO DIREITO CIVIL

EDITOR
EDIÇÕES ALMEDINA, SA
Rua da Estrela, n.º 6
3000-161 Coimbra
Tel.: 239 851 904
Fax: 239 851 901
www.almedina.net
editora@almedina.net

EXECUÇÃO GRÁFICA
G.C. – GRÁFICA DE COIMBRA, LDA.
Palheira – Assafarge
3001-453 Coimbra
producao@graficadecoimbra.pt

Março, 2005

DEPÓSITO LEGAL
225004/05

Toda a reprodução desta obra, por fotocópia ou outro qualquer processo,
sem prévia autorização escrita do Editor,
é ilícita e passível de procedimento judicial contra o infractor.

É NECESSÁRIO OU CONVENIENTE REFORMAR O DIREITO CIVIL PORTUGUÊS? PRIMEIROS SUBSÍDIOS PARA A REFORMA DO DIREITO CIVIL

No dia 27 de Maio de 2003, o Gabinete de Política Legislativa e Planeamento do Ministério da Justiça (GPLP) celebrou com as Faculdades de Direito da Universidade de Coimbra, da Universidade de Lisboa, da Universidade Católica Portuguesa e da Universidade Nova de Lisboa, protocolo destinado a promover a realização de estudos sobre o Código Civil, no sentido de aferir a necessidade ou conveniência em alterar o Código Civil e diplomas conexos, lançando as bases de uma discussão sobre uma possível reforma do direito civil português.

A ideia nasceu de duas fontes: primeiro, do desconforto em ver o Código Civil sucessivamente esvaziado por diplomas extravagantes, muitas vezes fruto da necessidade de transpor directivas comunitárias, cuja urgência no procedimento dificilmente se compadeceriam com uma intervenção no Código Civil (como são os casos recentes do regime das assinaturas electrónicas ou do comércio electrónico); segundo, da consciência de que, embora indiscutível peça magistral da ciência civilística, o Código Civil tem sofrido algum evelhecimento que se soma a aspectos já na altura de sua aprovação indicados como menos actuais.

Acresce que num tempo em que se fala de um código civil europeu, mas em que as dúvidas sobre a sua futura existência são mais do que as certezas, pareceu ao Ministério da Justiça que faria sentido repensar o seu próprio Código Civil, de maneira a poder estar em condições de, caso venha a ser chamado para tal, poder influenciar a construção desse dito código europeu, assumindo uma posição activa nas negociações. Importa lembrar que o direito civil português, mercê das influências recebidas pelos grandes códigos europeus (nomeadamente o alemão, o italiano e o francês, este sobretudo através influência marcada no Código de Seabra), contém soluções de compromisso, verdadeiramente originais, numa técnica jurídica que poderia ser aproveitada com utilidade num contexto de aproximação do direito civil europeu.

Tendo em conta todos estes aspecto, entendeu-se que não faria sentido o Ministério da Justiça, nomeadamente através do GPLP, empreender este diagnóstico sozinho. No quadro de uma saudável relação institucional, e atendendo à matéria e amplitude da mesma, ninguém melhor do que a Universidade, através das suas faculdades de direito, poderia empreender estudos deste teor.

Assim, as perguntas colocadas às faculdades de direito foram, sumariamente, as seguintes: Deve o Código Civil ser alterado? Com que âmbito? Depois, perguntas concretas foram colocadas, mais para abrir espaço ao diálogo e promover o aparecimento de outras questões, do que para vincular as respostas a questões pré-determinadas. Foram colocadas sem apriorismos, sem pré-entendimentos (tanto quanto tal é possível), na convicção de que a melhor maneira de iniciar uma reforma desta envergadura é perguntar, a quem sabe, se faz sequer sentido pensar em tal. Por isso se falou sempre em "eventual" reforma do direito civil.

Foram programadas duas fases de execução do protocolo. A primeira fase consistiu na entrega do relatório preliminar, destinado a identificar matérias sobre as quais as faculdades de direito entendessem estudar, para além das constantes do anexo ao protocolo. A segunda fase consistia na entrega do estudo.

No relatório preliminar, diversas faculdades entenderam desde logo que variadas matérias careciam de alteração. Contudo, algumas faculdades manifestaram o desejo de fazer evoluir o modelo de trabalho, ajustando-o a uma verdadeira reforma do Código Civil ou, mais amplamente, do direito privado português.

O primeiro objectivo do GPLP, o de saber se seria conveniente alterar o Código Civil em diversas matérias, foi, portanto, alcançado. Podemos dizer, actualmente, que existe um movimento reformista do direito civil português.

Firmada esta convicção, e atendendo ao interesse demonstrado pelas diversas faculdades em dar um passo em frente, constituindo-se uma comissão destinada a desenvolver os trabalhos de revisão, num prazo de três a cinco anos, envidaram-se esforços no sentido da criação de uma Comissão para o Estudo e a Reforma do Direito Civil, assente, nomeadamente, na participação institucional de diversas faculdades de direito. Esses esforços foram, no entanto, interrompidos com a cessação de funções do XV Governo Constitucional.

As sementes de uma reforma mais profunda do direito civil português estão, no entanto, lançadas. Aliás, foi com gosto que vimos vir a público, em Setembro de 2004, o texto do Senhor Professor Menezes Cordeiro, *Da Modernização do Direito Civil*. Inscreve-se, assumidamente, neste processo que deu já os seus primeiros passos.

Certa de que uma reforma do direito civil é tarefa suficientemente árdua e complexa para não ser empreendida apenas pelo Ministério da Justiça, mas para envolver, incontornavelmente, a sociedade civil e muito em particular as faculdades de direito, sei que tempo chegará para gizar a melhor maneira de desenhar uma frutuosa colaboração institucional.

É por ter esta certeza e por estar convicta de que o trabalho já produzido merece ser divulgado e posto à consideração de todos, que se vem, por este meio, publicar os relatórios preliminares elaborados pelas faculdades. São, como o nome indica, relatórios preliminares. Ou seja, genericamente, fazem referência às pessoas então envolvidas nos trabalhos, às matérias sob análise (procedendo-se, em alguns casos, a um considerável alargar do leque de matérias a serem estudadas) e em relação a alguns aspectos tomam posição inicial sobre a conveniência ou não na sua alteração. No caso do direito da família e das sucessões, entendeu o Professor Pamplona Corte-Real, professor associado da Faculdade de Direito da Universidade de Lisboa, tomar desde já posição. Esse estudo, remetido como anexo do relatório preliminar da Faculdade de Direito da Universidade de Lisboa, é naturalmente também publicado.

Era ideia inicial do GPLP, uma vez recebidos os estudos finais, promover a sua divulgação e discussão públicas, gerando um amplo debate em torno das matérias estudadas e dos caminhos apontados. Não sendo possível seguir esse caminho, creio que fará sentido oferecer a toda a sociedade civil e em especial à sua comunidade jurídica estas pistas para reflexão. Embora se trate de um processo ainda embrionário, julgo que será útil revelá-lo e abrir as portas para a recepção de elementos que os diversos interessados possam querer carrear para o processo. O GPLP estará sempre disponível para receber esses contributos e oportunamente tratar ou encaminhar da maneira que se afigurar mais conveniente.

Cumpre-me, por fim, agradecer às faculdades de direito terem aceite prontamente o desafio lançado pelo GPLP, corporizado no protocolo que ora se publica. Agradeço em particular aos professores coordenadores das diferentes faculdades – Professor Doutor Diogo Leite de Campos, Professor Doutor António Menezes Cordeiro, Professor Doutor Carvalho Fernandes, depois substituído pelo Professor Doutor Júlio Vieira Gomes, e Professor Doutor Carlos Ferreira de Almeida – o esforço patente nos relatórios preliminares, bem como o empenho na busca de uma metodologia nas suas opiniões adequada a uma revisão do direito civil português. Estou convicta de que sem um empenho e interesse sinceros não será possível reformar o direito civil português. Caberá ao Ministério da Justiça dar o mote, na certeza porém de que só um esforço conjunto, para o qual todos são chamados, permitirá chegar a bom porto.

Espero por isso que esta divulgação do primeiro passo dado pelo Ministério da Justiça para a reforma do direito civil em Portugal possa ser a génese de um trabalho longo e frutuoso. Estou certa de que pode demorar mais ou menos tempo, mas a este primeiro passo outros lhe seguirão.

(Assunção Cristas)
Directora do Gabinete de Política Legislativa
e Planeamento do Ministério da Justiça

PROTOCOLO

ESTUDO SOBRE O CÓDIGO CIVIL

O Código Civil de 1966, marco ímpar de afirmação da Civilística portuguesa do século XX, constitui o diploma legislativo mais importante da ordem jurídica portuguesa, no domínio do direito privado. É, porém, inegável que, nos 35 anos que decorreram desde a sua entrada em vigor, se registaram várias alterações muito significativas, quer na ordem jurídica portuguesa, quer na realidade social disciplinada pelo Código, quer, mesmo, nos valores socialmente dominantes e relevantes para a disciplina por ele formulada.

Assim, à aprovação da Constituição de 1976, que motivou a "reforma de 1977" (realizada pelo Decreto-Lei n.º 496/77, de 25 de Novembro), e às convulsões sociais e económicas dos primeiros anos da democracia, seguiu-se a integração europeia, que veio obrigar à harmonização do direito português com o direito comunitário – sendo certo que este, sobretudo através de numerosas directivas, transpostas ou a transpor para a nossa ordem jurídica, tem vindo crescentemente a tocar pontos cada vez mais centrais do nosso direito privado (vejam-se, apenas a título de exemplo e para além de outras que serão referidas adiante, a Directiva 1999/44/CE do Parlamento Europeu e do Conselho, de 25 de Maio de 1999, relativa a certos aspectos da venda de bens de consumo e das garantias a ela relativas[1], e a Directiva 2000/35/CE do Parlamento Europeu e do Conselho, de 29 de Junho de 2000, que estabelece medidas de luta contra os atrasos de pagamento nas transacções comerciais[2]).

Não pode, também, ignorar-se que, nas mais de três décadas e meia que decorreram desde a entrada em vigor do Código Civil, a realidade

---

[1] *Jornal Oficial das Comunidades Europeias*, L-171, de 7 de Julho de 1999, pp. 12-6. Esta Directiva foi transposta para o ordenamento jurídico português pelo Decreto-Lei n.º 67/2003, de 8 de Abril.

[2] *Jornal Oficial das Comunidades Europeias*, L-200 de 8 de Agosto de 2000, pp. 35-38. Esta Directiva foi transposta para o ordenamento jurídico português pelo Decreto-Lei n.º 32/2003, de 17 de Fevereiro.

económica e social portuguesa mudou, como mostram diversos estudos[3]. Assim, e para referir tão-só alguns exemplos de fenómenos de grande relevância, a esperança de vida à nascença aumentou significativamente (mais de dez anos entre 1960 e 1997), a taxa de natalidade fora do casamento apurada quase triplicou, a população residente em aglomerados com mais de 10000 habitantes cresceu muito, e o rendimento nacional *per capita* (a preços constantes) mais do que triplicou[4].

Estas mudanças foram, por outro lado, acompanhadas pela aprovação de legislação avulsa, contendendo também com matérias disciplinadas no Código Civil – vejam-se, apenas a título de exemplo, os regimes de protecção da união de facto aprovados sucessivamente pelas Leis nºs 135/99, de 28 de Agosto e 7/2001, de 11 de Maio.

Aliás, desde a sua entrada em vigor, e para além da já referida "reforma de 1977", o Código Civil foi objecto de diversas alterações, ora mais importantes (como as que resultaram da revogação do regime da enfiteuse, pelos Decretos-Leis n.ºs 195-A/76, de 16 de Março, e 233/76, de 2 de Abril, e da "descodificação" dos regimes do arrendamento rural e do arrendamento de prédios urbanos, pelo Decretos-Leis n.ºs 201/75, de 15 de Abril e 321-B/90, de 15 de Outubro), ora localizadas e relativas e certos pontos específicos[5]. E, além destas alterações, têm vindo a ser aprovados diversos diplomas legislativos que disciplinam fora do Código

---

[3] Cfr., por exemplo, com referência a datas próximas (1960 e 1999), *A situação social em Portugal 1960-1999 – vol. II: Indicadores sociais em Portugal e na União Europeia*, coord. de António Barreto, Imprensa de Ciências Sociais, Lisboa, 2000.

[4] Indicadores colhidos na *ob. cit.*, pp. 85, 87, 91 e 144.

[5] Cfr., sem pretensões de exaustividade, os seguintes diplomas, que alteraram ou revogaram artigos do Código Civil: Decreto-Lei n.º 293/77, de 20 de Julho, Decreto-Lei n.º 200-C/80, de 24 de Junho, Decreto-Lei n.º 236/80, de 18 de Julho, Decreto-Lei n.º 262/83, de 16 de Junho, Decreto-Lei n.º 225/84, de 6 de Julho, Lei n.º 46/85, de 20 de Setembro, Decreto-Lei n.º 190/85, de 24 de Junho, Decreto-Lei n.º 379/86, de 11 de Novembro, Lei n.º 24/89, de 1 de Agosto, Decreto-Lei n.º 257/91, de 18 de Julho, Decreto-Lei n.º 423/91, de 30 de Outubro, Decreto-Lei n.º 183/93, de 22 de Maio, Decreto-Lei n.º 227/94, de 8 de setembro, Decreto-Lei n.º 267/94, de 25 de Outubro, Decreto-Lei n.º 163/95, de 13 de Julho, Lei n.º 84/95, de 31 de Agosto, Decreto-Lei n.º 329-A/95, de 12 de Dezembro, Decreto-Lei n.º 14/96, de 6 de Março, Decreto-Lei n.º 68/96, de 31 de Maio, Decreto-Lei n.º 35/97, de 31 de Janeiro, Decreto-Lei n.º 120/98, de 8 de Maio, Lei n.º 21/98, de 12 de Maio, Lei n.º 47/98, de 10 de Agosto, Decreto-Lei n.º 343/98, de 6 de Novembro, Lei n.º 59/99, de 30 de Junho, Lei n.º 16/2001, de 22 de Junho, Decreto-Lei n.º 272/2001, de 13 de Outubro, Decreto-Lei n.º 273/2001, de 13 de Outubro e Decreto-Lei n.º 323/2001, de 17 de Dezembro.

Civil matérias que, pelo menos *prima facie*, se diria terem – ou poderem ter – como sede natural esse Código: será, porventura, o caso do regime das cláusulas contratuais gerais, aprovado pelo Decreto-Lei n.º 446/85, de 25 de Outubro (alterado pelo Decreto-Lei n.º 220/95, de 31 de Agosto, e pelo Decreto-Lei n.º 249/99, de 7 de Julho), quando não mesmo do regime da responsabilidade civil do produtor (aprovado pelo Decreto-Lei n.º 383/89, de 6 de Novembro, alterado pelo Decreto-Lei n.º 131/2001, de 24 de Abril) – considerando que o Código Civil, diversamente, por exemplo, do Código alemão, previu outras hipóteses de responsabilidade objectiva –, e do regime do direito de habitação periódica (aprovado pelo Decreto-Lei n.º 275/93, de 5 de Agosto, alterado pelo Decreto-Lei n.º 180/99, de 22 de Maio; e já antes disciplinado pelo Decreto-Lei n.º 355//81, de 31 de Dezembro, e pelo Decreto-Lei n.º 130/89, de 18 de Abril). E será, ainda, pelo menos em parte, o caso do Decreto-Lei n.º 290-D/99, de 2 de Agosto[6], que regulou a validade, eficácia e valor probatório dos documentos electrónicos e a assinatura digital.

Noutras ordens jurídicas, têm, aliás, vindo a ser empreendidos trabalhos de reforma legislativa, sobretudo no domínio do direito das obrigações, cuja envergadura não pode ser ignorada – assim, designadamente, da "Lei de modernização do direito das obrigações" no Código Civil alemão, aprovada em Novembro de 2001, e que entrou em vigor no início de 2002 (mas cfr., também, por exemplo, as diversas alterações introduzidas ao Código Civil italiano para transposição de várias directivas comunitárias). E não pode, ainda, ignorar-se que, a nível da União Europeia, se têm vindo a multiplicar iniciativas – assumidas também pelo Parlamento[7] e pela Comissão Europeia[8] – no sentido de um direito europeu

---

[6] Aguarda presentemente publicação o Decreto-Lei que procede à alteração do Decreto-Lei n.º 290-D/99, de 2 de Agosto, transpondo para a ordem jurídica interna portuguesa a Directiva 1999/93/CE, de 13 de Dezembro de 1999, relativa a um quadro legal comunitário para as assinaturas electrónicas (*Jornal Oficial das Comunidades Europeias*, L 13, de 19 de Janeiro de 2000, pp. 12-20).

[7] Assim, o Parlamento Europeu aprovou resoluções sobre a possível harmonização do direito substantivo privado, e, em 1989 e 1994, apelou ao início de trabalhos sobre a possibilidade de elaborar um Código Europeu Comum de Direito Privado – v. *Jornal Oficial, cit.*, C-158, de 26 de Junho de 1989, p. 400 (Resolução A3-0329/-157), e *Jornal Oficial, cit.*, C-205 de 25 de Julho de 1994, p. 518 (Resolução A3-0329/94). V. também a Resolução B5-0228, 0229-0230/2000, p. 326, n.º 28 (no *Jornal Oficial, cit.*, C-377 de 29 de Dezembro de 2000, p. 323), sobre o programa legislativo anual da Comissão para 2000.

[8] V. a "Comunicação da Comissão ao Conselho e ao Parlamento Europeu sobre o direito europeu dos contratos" – COM (2001) 398 final, 11 de Julho de 2001, *Jornal*

dos contratos mais harmonizado e coerente. É também neste contexto que se compreende a atenção que se entende dever ser dedicada internamente ao diploma fundamental do nosso direito civil.

Tudo isto justifica, pois, a preocupação, que é a do *Gabinete de Política Legislativa e Planeamento* do Ministério da Justiça, de evitar que o diploma fundamental do Direito Privado português possa perder algum significado para a aplicação prática do Direito, ou possa vir a ser acusado de desactualização – seja pela acumulação de diplomas avulsos que "descodificam" cada vez mais matérias próprias do Código Civil, seja por um progressivo distanciamento entre a realidade normativa e a evolução social, ou entre o Código de 1966 e a evolução legislativa noutras ordens jurídicas (e em particular a nível comunitário). Entende-se que, no plano da política legislativa, a prevenção de tais inconvenientes desfechos pressupõe o levantamento científico e a tomada de consciência da situação presente do Código Civil e da "matéria civilística", para se poder fazer um juízo sobre a necessidade e/ou a conveniência de futuras acções. Tais elementos são, na verdade, indispensáveis para se poder elaborar, também entre nós, um plano de acção neste domínio.

O *Gabinete de Política Legislativa e Planeamento* do Ministério da Justiça pretende, pois, promover, junto das instituições universitárias actualmente mais representativas da civilística portuguesa, um estudo aprofundado sobre possíveis alterações ao Código Civil.

Nestes termos, estabelece o seguinte protocolo:

Oficial, cit., C-255, de 13 de Setembro de 2001, p. 1. E, mais recentemente (12 de Fevereiro de 2003), a "Comunicação da Comissão ao Parlamento Europeu e ao Conselho: Um direito europeu dos contratos mais coerentes – um plano de acção" – COM(2003) 68 final.

Protocolo

O Gabinete de Política Legislativa e Planeamento do Ministério da Justiça, adiante designado por GPLP, representado pela sua Directora, Maria de Assunção Oliveira Cristas Machado da Graça, e em sua substituição legal, pelo seu Director-Adjunto, Pedro Miguel dos Santos Duro Lopes, e

a Faculdade de Direito da Universidade (de Coimbra, de Lisboa, Católica Portuguesa, Nova de Lisboa), adiante designada abreviadamente por Faculdade, representada pelo Prof. Doutor............................ [9],

estabelecem entre si um protocolo nos seguintes termos:

Cláusula 1.ª

A Faculdade compromete-se a elaborar e a entregar ao GPLP um estudo científico aprofundado sobre a reforma do Código Civil (estudo).

Cláusula 2.ª

1. O estudo deve responder às questões enunciadas no caderno de encargos anexo a este protocolo e que dele faz parte integrante, tendo no entanto a Faculdade total liberdade para alargar o campo de investigação a outras matérias do Código Civil ou com ele conexas.

2. O estudo deve incluir preferencialmente proposta ou propostas de articulado que concretizem as conclusões sustentadas.

3. O estudo será publicado, conjuntamente com outros estudos subordinados à mesma temática, cabendo ao GPLP a promoção e coordenação dessa publicação.

---

[9] A Faculdade de Direito da Universidade de Coimbra, a Faculdade de Direito da Universidade de Lisboa e a Faculdade de Direito da Universidade Católica foram representadas pelos respectivos Presidentes dos Conselhos Directivos, Prof. Doutor Manuel Porto, Prof. Doutor Luís Menezes Leitão e Prof. Doutor Rui Medeiros. A Faculdade de Direito da Universidade Nova de Lisboa foi representada pelo seu Director, Prof. Doutor Carlos Ferreira de Almeida.

Cláusula 3.ª

A Faculdade designa um Professor, encarregado da coordenação do estudo, com quem são estabelecidos todos os contactos com o GPLP.

Cláusula 4.ª

A Faculdade tem total liberdade na condução e organização dos trabalhos tendentes à elaboração do estudo.

Cláusula 5.ª

1. A Faculdade compromete-se a entregar, até ao dia 30 de Outubro do corrente, um relatório preliminar sobre os trabalhos desenvolvidos onde explicita as questões não constantes do caderno de encargos sobre as quais esteja a trabalhar.
2. A Faculdade compromete-se a entregar, até ao dia 30 de Junho de 2004, o estudo referido na cláusula segunda.

Cláusula 6.ª

O GPLP entrega à Faculdade, a título de contribuição pelos encargos decorrentes da preparação do estudo, o valor de vinte mil Euros (€ 20 000), nos seguintes moldes:

a) dez mil euros (€ 10 000) até ao momento da entrega do relatório preliminar;
b) dez mil euros (€ 10 000) no momento da entrega do estudo.

Cláusula 7.ª

1. O relatório preliminar bem como o estudo devem ser entregues em suporte papel e em suporte electrónico, de acordo com regras de formatação a definir pelo GPLP, e podem ser divulgados através de publicação no sítio do GPLP.
2. O relatório preliminar pode ser remetido directamente pelo GPLP às demais Faculdades.

CLÁUSULA 8.ª

O estudo pode ser objecto de apresentação pública em colóquios ou debates, em colaboração estreita entre a Faculdade e o GPLP.

O presente protocolo é assinado em duplicado, ficando um exemplar com cada uma das partes.

Lisboa, 27 de Maio de 2003

Gabinete de Política Legislativa e Planeamento do Ministério da Justiça

Faculdade de Direito da Universidade de (Coimbra, Lisboa, Católica Portuguesa, Nova de Lisboa)

CADERNO DE ENCARGOS

O objectivo é a redacção de um estudo aprofundado e de âmbito geral que, em resposta ao questionário-base seguinte, equacione um elenco de temas, fornecendo elementos para se poder ponderar futuramente acções legislativas, incluindo uma eventual revisão do Código Civil português.

A Faculdade poderá sugerir e fazer o tratamento que julgue necessário relativamente a quaisquer outras temáticas que, não constando da enumeração exemplificativa proposta, se adeqúem aos objectivos descritos no Protocolo de Cooperação, ou seja, possam contribuir para se poder fazer um juízo sobre a necessidade ou oportunidade de uma acção legislativa nos diversos campos do Direito Privado português que têm ou devem ter o Código Civil como sua sede natural.

Sem prejuízo, portanto, da exposição de posições sobre outras matérias relativas ao Código Civil que se considerem importantes, atendendo aos objectivos constantes do Protocolo de Cooperação, pretende obter-se uma visão aprofundada sobre cada um dos tópicos ou questões a seguir enunciados:

1 – Das pessoas

1.1. – Regime das incapacidades:

   a) Deverá ser revisto o regime das incapacidades hoje constante dos artigos 122.º a 156.º, no sentido do acolhimento e regulação no Código Civil de outras situações de incapacidade, não previstas, e que adaptem o Código Civil a realidades sociais que hoje se verificam, como é o caso do envelhecimento progressivo da população?

   b) É útil uma revisão das disposições que regulam o suprimento das incapacidades definidas, em especial as que respeitam ao exercício da tutela nas situações de interdição e da curadoria nas situações de inabilitação?

1.2. – Disposições gerais relativas às pessoas colectivas:
   Serão de considerar alterações nas secções que especificamente respeitam às associações, fundações e associações sem personalidade jurídica e comissões especiais?

2 – Das coisas – Disposições gerais

   a) Face às críticas que a mesma tem suscitado na doutrina, será de ponderar uma revisão da noção de coisa prevista no n.º 1 do artigo 202.º do Código Civil?

b) Tomando em consideração as críticas que foram sendo dirigidas à enumeração realizada no n.º 1 do artigo 204.º do Código Civil das coisas imóveis e às dúvidas suscitadas relativamente ao carácter exemplificativo ou taxativo daquela enumeração, é útil uma revisão do preceito em causa?

c) Face ao debate público que a questão tem suscitado, será de repensar o estatuto jurídico dos animais, até aqui qualificados como coisas? Em caso de resposta afirmativa, em que sentido se poderia processar uma tal alteração[10]?

3 – Declaração negocial

a) Tendo presentes as dificuldades frequentes em justificar com base nas tradicionais razões de solenidade, reflexão e prova as exigências de forma especial em relação a diversos tipos de declarações negociais, bem como o facto de as actuais exigências de forma não encontrarem muitas vezes correspondência no valor económico dos bens em jogo em diversos negócios, é de reequacionar, e porventura modificar, as referências feitas no Código Civil a razões justificativas de forma especial?

b) Deverá proceder-se a uma alteração dos preceitos do Código Civil que se articule com os diversos pontos da Directiva 2000//31/CE, do Parlamento Europeu e do Conselho, relativa a certos aspectos legais dos serviços da sociedade da informação, em especial do comércio electrónico no mercado interno, de 8 de Junho de 2000 ("Directiva sobre o comércio electrónico")[11], e da Directiva 1999/93, de 13 de Dezembro de 1999, relativa a um quadro legal comunitário para as assinaturas electrónicas[12], as quais se debruçam sobre estas mesmas matérias?

---

[10] Cfr., por exemplo, o § 90a do Código Civil alemão, introduzido em 1990, nos termos do qual "os animais não são coisas", sendo regulados por lei especial e sendo-lhes, porém, aplicável, na falta de disposição especial, o regime das coisas.

[11] *Jornal Oficial, cit.*, L-178, de 17 de Julho de 2000, p. 1. Encontra-se actualmente em curso o processo legislativo com vista à transposição da Directiva sobre o comércio electrónico para o direito português.

[12] *Jornal Oficial, cit.*, L-013, de 19 de Janeiro de 2000, p. 12. Aguarda presentemente publicação o Decreto-Lei que procede à alteração do Decreto-Lei n.º 290-D/99, de 2 de Agosto, transpondo para a ordem jurídica interna portuguesa aquela Directiva.

4 – Prova documental (artigo 362.º e ss)

Tomando em consideração as alterações produzidas pela transposição para o direito interno da Directiva sobre as assinaturas electrónicas, deverá proceder-se desde já à articulação entre os preceitos do Código Civil relativos à prova documental (artigos 362.º e seguintes) e todo o regime relativo à validade, eficácia e valor probatório dos documentos electrónicos e à assinatura electrónica? Em caso de resposta afirmativa, quais as melhores formas de articulação e quais as alterações a introduzir?

5 – Contratos

5.1. – Celebração de contratos por meios electrónicos:

Tendo em conta o disposto na "Directiva sobre o comércio electrónico" em matéria contratual (artigos 9º a 11º), deverá considerar-se a inclusão no Código Civil de um princípio geral que estabeleça a liberdade de celebração de contratos por meios electrónicos? Em caso afirmativo, quais as categorias de contratos que deverão ser excluídas da aplicação do referido princípio? Existirá a necessidade de assegurar especiais cautelas relativas ao processo de formação do contrato, bem como ao conhecimento dos termos contratuais e cláusulas gerais do contrato a celebrar?

5.2. – Cumprimento e não cumprimento das obrigações

    a) No regime da compra e venda, deverá ser equacionada a possibilidade de integração no Código Civil, e de articulação com as disposições deste, das principais questões colocadas pela transposição das matérias constantes da referida Directiva 1999/44/CE, de 25 de Maio de 1999, relativa a certos aspectos da venda de bens de consumo e das garantias a ela relativas[13]?

    a.1) Poderá afirmar-se claramente um princípio geral de dever de entrega da coisa sem defeitos? Em que medida os efeitos resultantes da consagração de um tal princípio se compaginarão com o regime hoje existente no que respeita ao cumprimento defeituoso?

    a.2) Em que medida este tipo de raciocínio pode ser aplicado à venda de coisas livres de ónus ou limitações jurídicas que excedam os limites normais inerentes aos direitos da mesma categoria?

---

[13] *Jornal Oficial das Comunidades Europeias*, L-171, de 7 de Julho de 1999, p. 12. Esta Directiva foi transposta para o ordenamento jurídico português pelo Decreto-Lei n.º 67/2003, de 8 de Abril.

b) Em que medida se poderá considerar que a transposição da citada Directiva 2000/35/CE, de 29 de Junho de 2000, que estabelece medidas de luta contra os atrasos de pagamento nas transacções comerciais[14] pelo Decreto-Lei n.º 32/2003, de 17 de Fevereiro, colide com a regulação das situações de não cumprimento contratual? Considerem-se, em particular, os casos de mora do devedor, em que aquela legislação estabelece princípios e efeitos não coincidentes com os do Código Civil.

6 – Matérias no âmbito contratual que têm em conta de forma particular, ainda que não exclusiva, a posição jurídica dos consumidores

Pretende-se a ponderação da inclusão no Código Civil de um conjunto de matérias que se prendem, directa ou indirectamente, com a especial protecção da posição jurídica do consumidor na actividade contratual. Deverão, em especial, ser equacionadas as seguintes questões:

a) Como deve avaliar-se a utilidade de uma eventual integração no articulado do Código Civil do regime das "cláusulas contratuais gerais", previsto pelo citado Decreto-Lei n.º 446/85, de 25 de Outubro (alterado pelo Decreto-Lei n.º 220/95, de 31 de Agosto, e pelo Decreto-Lei n.º 249/99, de 7 de Julho)?

b) Como deverá, em especial, ser avaliado o facto de este regime poder encontrar aplicação na regulação dos chamados "cibercontratos", nas situações em que o fornecedor de bens ou serviços tenha decidido apresentar ao consumidor uma proposta expressa em cláusulas contratuais gerais? Quais as melhores formas de assegurar ao consumidor o conhecimento prévio da celebração do contrato com recurso a cláusulas contratuais gerais bem como o conhecimento das cláusulas propriamente ditas?

c) Deverão ser introduzidos no Código Civil os diversos aspectos do regime relativo aos contratos negociados fora dos estabelecimentos comerciais, constantes de diploma autónomo (Decreto-Lei n.º 143/2001, de 26 de Abril, que transpõe para o direito português a Directiva 97/7/CE do Parlamento Europeu e do Conselho de 20 de Maio de 1997)?

---

[14] *Jornal Oficial das Comunidades Europeias*, L-200 de 8 de Agosto de 2000, p. 35.

a. A regulação dos contratos celebrados à distância, no que se refere particularmente às informações prévias a prestar ao consumidor bem como às disposições especiais relativas à resolução dos contratos e seus efeitos?
b. A regulação dos contratos ao domicílio e equiparados, no que se refere nomeadamente à forma, conteúdo e valor do contrato bem como à sua resolução e efeitos desta?
c. A regulação das chamadas "vendas automáticas"?
d. A regulação das vendas especiais esporádicas?
e. A proibição de determinadas modalidades de vendas de bens ou de prestação de serviços, como as vendas "em cadeia", "em pirâmide" ou de "bola de neve", as vendas forçadas, as vendas ligadas, ou o fornecimento de bens ou prestação de serviços não encomendados ou solicitados?

7 – Responsabilidade civil

a) Atentas as divisões produzidas quer na doutrina quer na jurisprudência relativamente à possibilidade de indemnizar pelo dano-morte, será de sustentar a clarificação dos danos não patrimoniais indemnizáveis na redacção do artigo 496.º, n.º 1 do Código Civil? Em caso afirmativo, em que termos e com que justificação?

b) Será razoável a inclusão no Código Civil do regime relativo à responsabilidade decorrente de produtos defeituosos constante do Decreto-Lei n.º 383/89, de 6 de Novembro, alterado pelo Decreto-Lei n.º 131/2001, de 24 de Abril, que resulta da transposição para o direito interno da Directiva 85/374, de 25 de Julho[15], alterada pela Directiva 1999/34, de 10 de Maio[16], e que estabelece como princípio fundamental a responsabilidade objectiva do produtor pelos danos causados por defeitos dos produtos que põe em circulação?

8 – Doações

É de reequacionar o regime das doações do Código Civil, que é hoje aplicado a situações que extravasam em muito as doações de carácter individual e de relativamente reduzido valor para que o mesmo foi originalmente pensado?

---

[15] *Jornal Oficial das Comunidades Europeias,* L 210, de 7 de Agosto de 1985, p. 8.
[16] *Jornal Oficial das Comunidades Europeias,* L 283, de 6 de Novembro de 1999, p. 20.

9 – Direitos reais de garantia

Em face dos estudos que têm vindo a ser produzidos nesta matéria, será útil ponderar uma revisão do actual regime aplicável aos direitos reais de garantia? Ponderem-se, entre outras, as seguintes questões:

a) Será de considerar uma alteração da redacção do artigo 704.º do Código Civil, na medida que, contrariamente ao que afirma o artigo, a constituição das hipotecas legais, tal como sucede com todas as hipotecas, não resulta imediatamente da lei, só se dando com o registo da hipoteca nos termos do artigo 687.º do Código Civil?

b) Poderá ponderar-se a inclusão de um preceito no Código relativamente à execução das hipotecas, que sublinhe o princípio segundo o qual essa execução será em princípio judicial?

c) Tendo em conta a difícil solução dos casos de execução de hipoteca sobre imóveis hipotecados quando sobre esse imóvel exista um direito de arrendamento, anterior ou posterior à constituição da hipoteca, poderá considerar-se a inclusão no Código Civil de uma regulação expressa destas situações?

d) Face aos regimes especiais existentes que admitem hipóteses em contrário, será adequado manter no artigo 669.º, n.º 1 do Código Civil uma redacção que considera a entrega como elemento essencial da constituição do penhor de coisas?

e) Tendo em conta os desenvolvimentos legislativos relativos quer à possibilidade de dar em penhor o estabelecimento individual de responsabilidade limitada (EIRL), nos termos do artigo 22.º do Decreto-Lei n.º 248/86, de 25 de Agosto, quer a possibilidade de penhora do estabelecimento comercial prevista no código de Processo Civil, é correcto e pertinente consagrar no Código Civil uma disposição que expressamente admita a possibilidade de penhor de estabelecimento?

f) Nos casos do artigo 755.º, n.º 1, alínea f), em que, existindo uma hipoteca sobre um imóvel, o beneficiário da promessa de transmissão ou constituição de direito real, que obteve a tradição do imóvel a que se refere o contrato prometido, exerce o seu direito de retenção sobre essa coisa, pelo crédito resultante do não cumprimento imputável à outra parte nos termos do artigo 442.º, avaliadas que sejam as dificuldades práticas daí resultantes, será de ponderar uma diferente articulação dos direitos reais de garantia?

10 – Direito da família

Atentos os parâmetros que definem actualmente a realidade social nos seus mais diversos aspectos, as discussões actualmente em curso em algumas matérias do Direito da Família, e a reduzida frequência de uma análise de política legislativa mais detalhada neste ramo do Direito, será oportuna e útil a reflexão sobre algumas das questões que se suscitam neste domínio, nomeadamente:

a) os impedimentos dirimentes relativos ao casamento, considerando o impacto das técnicas de reprodução medicamente assistida sobre esse regime, e tendo sobretudo em conta que a dação de gâmetas masculinos permite uma proliferação descontrolada de indivíduos geneticamente relacionados?

b) a eventual integração, ainda que apenas parcial, do regime das uniões de facto no Código Civil, considerados que sejam os efeitos que essa integração poderá ter sobre as disposições dos demais Livros que compõem esta codificação?

c) o regime do exercício do poder paternal, em especial no que respeita aos casos em que a filiação se encontra estabelecida relativamente a ambos os pais e estes não tenham contraído matrimónio, caso em que o poder paternal é atribuído àquele que tiver a guarda do filho, presumindo-se sempre que essa guarda pertence à mãe?

11 – Direito das sucessões

Serão de repensar diversos aspectos que compõem este ramo do Direito Civil, quer autonomamente, quer em virtude dos efeitos produzidos pela alteração de outras disposições, em particular:

a) No âmbito da sucessão legitimária, e em face das transformações sociais que se têm vindo a verificar, as quais deixam muitas vezes desacautelado o acompanhamento dos idosos, será útil proceder à reponderação de regras relativas à existência da legítima, enquanto porção de bens indisponível para o testador?

b) Deverão rever-se os efeitos sucessórios da opção por um regime matrimonial de separação de bens?

Relatórios Preliminares apresentados em cumprimento do n.º 1 da cláusula 5.ª do Protocolo celebrado entre o Gabinete de Política Legislativa e Planeamento do Ministério da Justiça e as Faculdades de Direito da Universidade de Coimbra, da Universidade de Lisboa, da Universidade Católica e da Universidade Nova de Lisboa

RELATÓRIO PRELIMINAR

FACULDADE DE DIREITO
DA UNIVERSIDADE DE COIMBRA

A Faculdade de Direito da Universidade de Coimbra, através da secção de Ciências Jurídico-Civilisticas, representada pelos Professores Doutor Diogo Leite de Campos, Doutor Guilherme Falcão de Oliveira, Doutor Jorge Sinde Monteiro, Doutor António Pinto Monteiro, Doutor João Calvão da Silva, Doutor Henrique Mesquita, Doutor Rabindranath Capelo de Sousa, Doutor Joaquim José de Sousa Ribeiro, Doutor João Álvaro Dias, a que se juntou o Professor Doutor Rui Moura Ramos, do Grupo de Ciências Jurídico-Comparatísticas, analisou o caderno de encargos relativo à revisão do Código Civil apresentado pelo Ministério da Justiça.

I

O primeiro problema que se põe é o de saber se é necessária uma revisão do Código Civil e se esta é urgente, ou seja, se deve ser realizada a curto/médio prazo.

As leis civis devem ser mais criadas pela sociedade do que feitas pelo poder político. Devem reflectir muito proximamente a sociedade num certo momento, resultado de um passado que se projecta nele e continua no futuro. São obras em que uma certa realidade se impõe, construídas para longo prazo.

Lembramos que o Código Civil francês ainda hoje se encontra em vigor, cerca de dois séculos depois, e que o Código Civil alemão, com um século, só recentemente foi reformado e em nenhum aspecto essencial.

Também o Código Civil brasileiro demorou quase um século a ser objecto de uma revisão profunda.

Uma revisão do Código Civil não pode ser o produto de uma simples vontade política, mas de um diálogo com a sociedade.

Este diálogo é mantido, constantemente, através da doutrina e da jurisprudência que vão preenchendo conceitos e desenvolvendo e alterando esse preenchimento através da aplicação constante do Código à realidade na solução de casos.

É assim que evolui e se vai actualizando a lei civil, evolução e actualização facilitadas pelo facto de a técnica jurídica romanística continental levar à criação de conceitos gerais que permitem uma evolução sem pôr em causa os textos da lei.

A lei civil é o produto do adensar e do modificar constante de relações entre sujeitos ("cives") livres e iguais, representando no essencial uma colaboração no adensamento das relações inter-subjectivas, no acréscimo da solidariedade social e na promoção da igualdade, à partida, das partes.

O actual Código Civil de 1966, produto de elevadíssima técnica jurídica e de longos anos de ponderação por grandes juristas, não tem sido objecto de qualquer sentimento de repúdio pelo meio jurídico, em termos de se considerar desactualizado ou insuficiente para satisfazer as necessidades.

Muito pelo contrário.

O recente congresso sobre os 35 anos do Código Civil, promovido pela Faculdade de Direito de Coimbra, através do seu Grupo de Ciências Jurídico-Civilísticas, revelou, pelas múltiplas intervenções de juristas provenientes de todas as instituições universitárias do país, de magistrados, advogados, conservadores, notários e reputados juristas europeus e brasileiros, que o Código Civil continua a ser um bom quadro de elaboração científica e de satisfação dos interesses da sociedade portuguesa, estando muito longe de ter esgotado as suas potencialidades nesta matéria. Mais: continua a ser um instrumento de elevadíssima qualidade científica, não desactualizado no essencial pelos poucos decénios que decorreram desde a sua publicação.

Daqui resulta, como referimos, que não tenha sido sentida pela comunidade jurídica portuguesa a necessidade de o rever.

Isto não impede, porém, que ele possa ser revisto em diversas matérias em que o passar dos anos e a evolução da sociedade e das técnicas mais fez sentir o seu efeito.

Contudo, esta revisão não pode ser um simples enxerto, de soluções de pormenor no tecido harmónico do Código Civil, mas implica uma profunda reflexão sobre ele para se poderem determinar quais as matérias a rever e o seu sentido no contexto geral.

Assim, se o poder político o entender, consideramos cabida uma reflexão do Código Civil, a médio-longo prazo.

Reflexão na qual a Faculdade de Direito de Coimbra, nomeadamente através do seu grupo de ciências jurídico-civilisticas, está à disposição para colaborar.

A solução procedimental para esta revisão terá de passar por uma comissão, presidida pela Senhora Ministra da Justiça, que venha a definir a metodologia e os objectivos, para depois estes serem prosseguidos a médio-longo prazo (3/5 anos).

Lembramos também que os estudos sobre o Código Civil Europeu devem ser levados em conta nesta matéria, para que as alterações eventualmente a introduzir não sejam rapidamente desactualizadas pela evolução do Direito Civil europeu.

II

São colocadas no referido caderno de encargos apresentado pelo Ministério da Justiça, diversas questões.

Passamos a responder-lhes sumariamente, sempre com atenção ao que foi dito anteriormente.

1 – Das pessoas

1.1. – Regime das incapacidades

Admite-se uma revisão destas matérias, sempre assente numa análise sociológica aprofundada.

1.2. – Disposições gerais relativas às pessoas colectivas.

Conviria realizar uma revisão das matérias relativas às associações e às fundações.

2 – Das coisas/disposições gerais

Não parece ser necessária, em geral, qualquer revisão do livro das coisas do Código Civil.

Admite-se uma referência expressa aos animais, em virtude da protecção legal que lhes é devida. Contudo, tanto a doutrina como a jurisprudência têm caminhado neste sentido, pelo que qualquer reforma urgente não parece ser necessária.

3 – Declaração negocial

Admitem-se alguns ajustamentos nesta matéria. Contudo, dada a sua importância no Direito Civil português, como matéria central, tais alterações só seriam identificáveis e introduzíveis a longo prazo.

4 – Prova documental – artigos 262º e seguintes do Código Civil

É conveniente proceder à articulação entre os preceitos do Código Civil relativos à prova documental e o regime relativo à validade eficácia e valor probatório de documentos electrónicos e à assinatura electrónica.

5 – Contratos

Concorda-se que o Código Civil deveria contemplar directamente o regime jurídico correspondente às directivas mencionadas.

6 – Matérias no âmbito contratual que têm em conta de forma particular, ainda que não exclusiva, a posição jurídica dos consumidores.

Está em fase de acabamento um Código do consumidor. Passa por uma decisão política – que aparentemente já está tomada – o saber se essas matérias devem ser introduzidas no Código Civil ou devem fazer parte desse diploma.

7 – Responsabilidade Civil

Algumas clarificações seriam possíveis em matéria de responsabilidade civil.

Também seria de aceitar a inclusão no Código Civil do regime relativo à responsabilidade decorrente de produtos defeituosos (vide, porém, ponto 6).

8 – Doações

Não parece que haja, sem prejuízo de se poderem realizar estudos mais aprofundados, pontos que exijam revisão nesta matéria.

9 – Direitos reais de garantia

Não parece que haja qualquer necessidade urgente de introduzir alterações nesta matéria, sem prejuízo de a longo prazo se poderem fazer alterações de pormenor, já presentes, aliás, em regimes jurídicos estrangeiros.

10 – Direito da família

O Direito da família, ainda revisto recentemente, não parece estar necessitado de qualquer revisão urgente. Aliás, qualquer revisão a longo prazo teria de partir de estudos sociológicos muito aprofundados e de intenso diálogo com a sociedade portuguesa.

11 – Direito das sucessões

O mesmo se poderá dizer sobre o Direito das sucessões: também nesta matéria, e sem prejuízo de uma reflexão a longo prazo, não parece haver necessidade de reforma urgente.

Além destas matérias, outras haverá, susceptíveis de revisão a médio/longo prazo.

Trata-se, por exemplo, de matéria respeitante às leis, sua interpretação e aplicação, que se devem manter no Código Civil; do Direito internacional privado; de diversos contratos que devem ser revistos (como o contrato de empreitada e o contrato de arrendamento); a inclusão de diversos contratos no Código Civil, nomeadamente daqueles que hoje têm inserção no campo do direito comercial.

Nesta matéria, teria de se ponderar se o Código Civil deve ser a sede de todo o Direito privado, ou se deve continuar a distinguir-se, pelo menos para efeitos formais, entre Direito Civil e Direito Comercial.

Coimbra, 28 de Janeiro de 2004

Doutor Diogo Leite de Campos
Professor Catedrático – Coordenador do Grupo
de Ciências Jurídico-Civilísticas

Relatório Preliminar

Faculdade de Direito da Universidade de Lisboa

Na sequência do protocolo celebrado entre o Gabinete de Política Legislativa e Planeamento do Ministério da Justiça e a Faculdade de Direito de Lisboa, foi solicitado, a esta última, a realização de um estudo sobre a reforma do Código Civil (cláusula 1.ª do protocolo). No caderno de encargos do referido protocolo, foram colocadas, à Faculdade de Direito, as seguintes questões:

1 – Das pessoas

1.1. – Regime das incapacidades

a) Deverá ser revisto o regime das incapacidades hoje constante dos artigos 122.º a 156.º, no sentido do acolhimento e regulação no Código Civil de outras situações de incapacidade, não previstas, e que adaptem o Código Civil a realidades sociais que hoje se verificam, como é o caso do envelhecimento progressivo da população?

b) É útil uma revisão das disposições que regulam o suprimento das incapacidades definidas, em especial as que respeitam ao exercício da tutela nas situações de interdição e da curadoria nas situações de inabilitação?

1.2. – Disposições gerais relativas às pessoas colectivas:

Serão de considerar alterações nas secções que especificamente respeitam às associações, fundações e associações sem personalidade jurídica e comissões especiais?

2 – Das coisas/disposições gerais

a) Face às críticas que a mesma tem suscitado na doutrina, será de ponderar uma revisão da noção de coisa prevista no n.º 1 do artigo 202.º do Código Civil?

b) Tomando em consideração as críticas que foram sendo dirigidas à enumeração realizada no n.º 1 do artigo 204.º do Código Civil das coisas imóveis e às dúvidas suscitadas relativamente ao carácter exemplificativo ou taxativo daquela enumeração, é útil uma revisão do preceito em causa?

c) Face ao debate público que a questão tem suscitado, será de repensar o estatuto jurídico dos animais, até aqui qualificados como coisas? Em caso de resposta afirmativa, em que sentido se poderia processar uma tal alteração?

3 – Declaração negocial

a) Tendo presentes as dificuldades frequentes em justificar com base nas tradicionais razões de solenidade, reflexão e prova as exigências de forma especial em relação a diversos tipos de declarações negociais, bem como o facto de as actuais exigências de forma não encontrarem muitas vezes correspondência no valor económico dos bens em jogo em diversos negócios, é de reequacionar, e porventura modificar, as referências feitas no Código Civil a razões justificativas de forma especial?

b) Deverá proceder-se a uma alteração dos preceitos do Código Civil que se articule com os diversos pontos da Directiva 2000/31/CE, do Parlamento Europeu e do Conselho, relativa a certos aspectos legais dos serviços da sociedade da informação, em especial do comércio electrónico no mercado interno, de 8 de Junho de 2000 ("Directiva sobre o comércio electrónico"), e da Directiva 1999/93, de 13 de Dezembro de 1999, relativa a um quadro legal comunitário para as assinaturas electrónicas, as quais se debruçam sobre estas mesmas matérias?

4 – Prova documental (artigo 362.º e ss)

Tomando em consideração as alterações produzidas pela transposição para o direito interno da Directiva sobre as assinaturas electrónicas, deverá proceder-se desde já à articulação entre os preceitos do Código Civil relativos à prova documental (artigos 362.º e seguintes) e todo o regime relativo à validade, eficácia e valor probatório dos documentos electrónicos e à assinatura electrónica? Em caso de resposta afirmativa, quais as melhores formas de articulação e quais as alterações a introduzir?

5 – Contratos

5.1. – Celebração de contratos por meios electrónicos:

Tendo em conta o disposto na "Directiva sobre o comércio electrónico" em matéria contratual (artigos 9.º a 11.º), deverá considerar-se a inclusão no Código Civil de um princípio geral que estabeleça a liberdade de celebração de contratos por meios electrónicos? Em caso afirmativo, quais as categorias de contratos que deverão ser excluídas da aplicação do referido princípio? Existirá a necessidade de assegurar especiais cautelas relativas ao processo de formação do contrato, bem como ao conhecimento dos termos contratuais a cláusulas gerais do contrato a celebrar?

5.2. – Cumprimento e não cumprimento das obrigações

a) No regime da compra e venda, deverá ser equacionada a possibilidade de integração no Código Civil, e de articulação com as disposições deste, das principais questões colocadas pela transposição das matérias constantes da referida Directiva 1999/44/CE, de 25 de Maio de 1999, relativa a certos aspectos da venda de bens de consumo e das garantias a ela relativas?

a.1) Poderá afirmar-se claramente um princípio geral de dever de entrega da coisa sem defeitos? Em que medida, os efeitos resultantes da consagração de um tal princípio se compaginarão com o regime hoje existente no que respeita ao cumprimento defeituoso?

a.2) Em que medida este tipo de raciocínio pode ser aplicado à venda de coisas livres de ónus ou limitações jurídicas que excedam os limites normais inerentes aos direitos da mesma categoria?

b) Em que medida se poderá considerar que a transposição da citada Directiva 2000/35/CE, de 29 de Junho de 2000, que estabelece medidas de luta contra os atrasos de pagamento nas transacções comerciais pelo Decreto-Lei n.º 32/2003, de 17 de Fevereiro, colide com a regulação das situações de não cumprimento contratual? Considerem-se, em particular, os casos de mora do devedor, em que aquela legislação estabelece princípios e efeitos não coincidentes com os do Código Civil.

6 – Matérias no âmbito contratual que têm em conta de forma particular, ainda que não exclusiva, a posição jurídica dos consumidores

Pretende-se a ponderação da inclusão no Código Civil de um conjunto de matérias que se prendem, directa ou indirectamente, com a especial protecção da posição jurídica do consumidor na actividade contratual. Deverão, em especial, ser equacionadas as seguintes questões:

a) Como deve avaliar-se a utilidade de uma eventual integração no articulado do Código Civil do regime das "cláusulas contratuais gerais", previsto pelo citado Decreto-Lei n.º 446/ 85, de 25 de Outubro (alterado pelo Decreto-Lei n.º 220/95, de 31 de Agosto, e pelo Decreto-Lei n.º 249/99, de 7 de Julho)?

b) Como deverá, em especial, ser avaliado o facto de este regime poder encontrar aplicação na regulação dos chamados "cibercontratos", nas situações em que o fornecedor de bens ou serviços tenha decidido apresentar ao consumidor uma proposta expressa em cláusulas contratuais gerais? Quais as melhores formas de assegurar ao consumidor o conhecimento prévio da celebração do contrato com recurso a cláusulas contratuais gerais bem como o conhecimento das cláusulas propriamente ditas?

c) Deverão ser introduzidos no Código Civil os diversos aspectos do regime relativo aos contratos negociados fora dos estabelecimentos comerciais, constantes de diploma autónomo (Decreto-Lei n.º 143/2001, de 26 de Abril, que transpõe para o direito português a Directiva 97/7/CE do Parlamento Europeu e do Conselho de 20 de Maio de 1997)?

a. A regulação dos contratos celebrados à distância, no que se refere particularmente às informações prévias a prestar ao consumidor bem como às disposições especiais relativas à resolução dos contratos e seus efeitos?

b. A regulação dos contratos ao domicílio e equiparados, no que se refere nomeadamente à forma, conteúdo e valor do contrato bem como à sua resolução a efeitos desta?

c. A regulação das chamadas "vendas automáticas"?

d. A regulação das vendas especiais esporádicas?

e. A proibição de determinadas modalidades de vendas de bens ou de prestação de serviços, como as vendas "em cadeia", "em pirâmide" ou de "bola de neve", as vendas forçadas, as vendas ligadas, ou o fornecimento de bens ou prestação de serviços não encomendados ou solicitados?

7 – Responsabilidade civil

a) Atentas as divisões produzidas quer na doutrina quer na jurisprudência relativamente à possibilidade de indemnizar pelo dano – morte, será de sustentar a clarificação dos danos não patrimoniais indemnizáveis na redacção do artigo 496.°, n.° 1 do Código Civil? Em caso afirmativo, em que termos e com que justificação?

b) Será razoável a inclusão no Código Civil do regime relativo à responsabilidade decorrente de produtos defeituosos constante do Decreto-Lei n.° 383/89, de 6 de Novembro, alterado pelo Decreto-Lei n.° 131/2001, de 24 de Abril, que resulta da transposição para o direito interno da Directiva 85/374, de 25 de Julho, alterada pela Directiva 1999/34, de 10 de Maio, e que estabelece como princípio fundamental a responsabilidade objectiva do produtor pelos danos causados por defeitos dos produtos que põe em circulação?

8 – Doações

É de reequacionar o regime das doações do Código Civil, que é hoje aplicado a situações que extravasam em muito as doações de carácter individual e de relativamente reduzido valor para que o mesmo foi originalmente pensado?

9 – Direitos reais de garantia

Em face dos estudos que têm vindo a ser produzidos nesta matéria, será útil ponderar uma revisão do actual regime aplicável aos direitos reais de garantia? Ponderem-se, entre outras, as seguintes questões:

a) Será de considerar uma alteração da redacção do artigo 704.° do Código Civil, na medida que, contrariamente ao que afirma o artigo, a constituição das hipotecas legais, tal como sucede com todas as hipotecas, não resulta imediatamente da lei, só se dando com o registo da hipoteca nos termos do artigo 687.° do Código Civil?

b) Poderá ponderar-se a inclusão de um preceito no Código relativamente à execução das hipotecas, que sublinhe o princípio segundo o qual essa execução será em princípio judicial?

c) Tendo em conta a difícil solução dos casos de execução de hipoteca sobre imóveis hipotecados quando sobre esse imóvel exista um direito de arrendamento, anterior ou posterior à constituição da hipoteca, poderá considerar-se a inclusão no Código Civil de uma regulação expressa destas situações?

d) Face aos regimes especiais existentes que admitem hipóteses em contrário, será adequado manter no artigo 669.°, n.° 1 do Código Civil uma redacção que considera a entrega como elemento essencial da constituição do penhor de coisas?

e) Tendo em conta os desenvolvimentos legislativos relativos quer à possibilidade de dar em penhor o estabelecimento individual de responsabilidade limitada (EIRL), nos termos do artigo 22.° do Decreto-Lei n.° 248/86, de 25 de Agosto, quer a possibilidade de penhora do estabelecimento comercial prevista no código de Processo Civil, é correcto e pertinente consagrar no Código Civil uma disposição que expressamente admita a possibilidade de penhor de estabelecimento?

f) Nos casos do artigo 755.°, n.° 1, alínea f), em que, existindo uma hipoteca sobre um imóvel, o beneficiário da promessa de transmissão ou constituição de direito real, que obteve a tradição do imóvel a que se refere o contrato prometido, exerce o seu direito de retenção sobre essa coisa, pelo crédito resultante do não cumprimento imputável à outra parte nos termos do artigo 442.°, avaliadas que sejam as dificuldades práticas daí resultantes, será de ponderar uma diferente articulação dos direitos reais de garantia?

10 – Direito de família

Atentos os parâmetros que definem actualmente a realidade social nos seus mais diversos aspectos, as discussões actualmente em curso em algumas matérias do Direito da Família, e a reduzida frequência de uma análise de política legislativa mais detalhada neste ramo do Direito, será oportuna e útil a reflexão sobre algumas das questões que se suscitam neste domínio, nomeadamente:

a) os impedimentos dirimentes relativos ao casamento, considerando o impacto das técnicas de reprodução medicamente assistida sobre esse regime, e tendo sobretudo em conta que a dação de gâmetas masculinos permite uma proliferação descontrolada de indivíduos geneticamente relacionados?

b) a eventual integração, ainda que apenas parcial, do regime das uniões de facto no Código Civil, considerados que sejam os efeitos que essa integração poderá ter sobre as disposições dos demais Livros que compõem esta codificação?

c) o regime do exercício do poder paternal, em especial no que respeita aos casos em que a filiação se encontra estabelecida relativamente a ambos os pais e estes não tenham contraído matrimónio, caso em que o poder paternal é atribuído àquele que tiver a guarda do filho, presumindo-se sempre que essa guarda pertence à mãe?

11 – Direito das sucessões

Serão de repensar diversos aspectos que compõem este ramo do Direito Civil, quer autonomamente, quer em virtude dos efeitos produzidos pela alteração de outras disposições, em particular:

a) No âmbito da sucessão legitimária, e em face das transformações sociais que se têm vindo a verificar, as quais deixam muitas vezes desacautelado o acompanhamento dos idosos, será útil proceder à reponderação de regras relativas à existência da legítima, enquanto porção de bens indisponível para o testador?

b) Deverão rever-se os efeitos sucessórios da opção por um regime matrimonial de separação de bens?

Para encabeçar o estudo de cada uma destas questões constantes do Caderno de Encargos ao Protocolo forma indigitados os seguintes Professores:

1 – Das pessoas

1.1. – Professor Doutor Menezes Cordeiro / Professor Doutor Pedro Pais de Vasconcelos

1.2. – Professor Doutor Menezes Cordeiro / Professor Doutor Pedro Pais de Vasconcelos

2 – Das coisas

a) e *b)* Professor Doutor Januário Gomes
c) Professor Doutor Fernando Araújo

3 – Declaração negocial

a) Professor Doutor Menezes Cordeiro
b) Professor Doutor Menezes Cordeiro

4 – Prova documental

Professor Doutor Menezes Cordeiro
Professor Doutor Miguel Teixeira de Sousa

5 – Contratos

5.1. – Professor Doutor Menezes Cordeiro
5.2. – Professor Doutor Menezes Leitão

6 – Professor Doutor Menezes Cordeiro / Professor Doutor Menezes Leitão

7 – Professor Doutor Menezes Cordeiro /Professor Doutor Menezes Leitão

8 – Professor Doutor Carneiro da Frada

9 – Professor Doutor Romano Martinez / Januário Gomes

10 – Professor Doutor Pamplona Corte-Real / Professora Doutora Rosário Palma Ramalho

11 – Professor Doutor Pamplona Corte-Real / Paula Costa e Silva

Além disso e ao abrigo do disposto na cláusula 2.ª n.º 1 do Protocolo a Faculdade julgou conveniente alargar o campo de investigação às seguintes matérias do Código Civil:

1. Das leis, sua interpretação e aplicação;
2. Direito internacional privado;
3. Artigos 336.º a 340.º;
4. Arrendamento urbano;
5. Contrato de empreitada;
6. Contrato-Promessa;
7. Depósito;
8. Outros contratos;
9. Representação voluntária e orgânica;
10. Questões que se prendam com a condição das mulheres – a atravessarem todo o Código Civil.

Para encabeçar o estudo destes tópicos, foram indigitados os seguintes Professores:

1. Professor Doutor Pamplona Corte-Real/ Prof. Doutor Reis Lamego
2. Professor Doutor Lima Pinheiro/ Professor Doutor Moura Vicente
3. Professora Doutora Fernanda Palma
4. Professor Doutor António Menezes Cordeiro
5. Professor Doutor Romano Martinez
6. Professor Doutor Januário Gomes
7. Professor Doutor Santos Júnior
8. Professor Doutor António Menezes Cordeiro
9. Professor Doutor Pedro de Albuquerque
10. Professora Doutora Palma Ramalho

Todos os Professores indigitados a propósito de cada um dos tópicos reuniram para debater, em conjunto, as questões constantes do Caderno de Encargos e demais tópicos a que a Faculdade julgou dever alargar os estudos.

Sob pano de fundo esteve presente a circunstância de o Direito civil constituir o cerne cultural e científico do nosso ordenamento jurídico. Trata-se de um ramo de direito formado ao longo de milhares de anos num processo de enorme complexidade histórica e cultural. O Direito civil é constituído por um conjunto de normas, princípios, decisões e instituições derivados do direito romano e progressivamente adaptados às relações sociais. Além disso, o Direito civil exprime ainda uma Ciência.

Menos sensível a reformas legislativas do que diversos outros ramos normativos, o Direito civil evolui à medida que a elaboração científica permita novas composições. Finalmente o Direito civil é direito privado comum. No próprio preambulo do Protocolo se afirma constituir o Código Civil Português o diploma legislativo mais importante da ordem jurídica portuguesa, no domínio do Direito privado. A importância do Código Civil e do Direito civil não se circunscreve porém apenas ao Direito privado. Pelas suas características, pela sua generalidade e pelas suas tradições, o Direito civil opera como o Direito comum de toda a ordem jurídica. Ele constitui, destarte, o núcleo de todo o Direito e não apenas um ramo mais da enciclopédia jurídica entre outras[17]. As mais de três décadas e meia decorridas desde a data da entrada em vigor do Código Civil não devem fazer esquecer estes dados. A reforma alemã de 2001/2002, a que se faz de resto também alusão no preâmbulo do protocolo, foi preparada durante mais de vinte e dois anos.

Dos estudos preliminares realizados e do debate havido resultou o seguinte quanto às questões constantes do caderno de encargos resultou o seguinte conjunto de primeiras opções:

1 – Das pessoas

1.1. – Regime das incapacidades

Os institutos da interdição e inabilitação estão arcaicos. Seria porventura de avançar para uma solução semelhante à do Direito francês ou alemão[18]. Contudo, uma alteração nesta matéria pressuporia a realização de estudos aprofundados, designadamente de natureza sociológica, que estão por realizar. Também se imporia o conhecimento dos internamentos psiquiátricos (mapa geral) e o levantamento das condições da segurança social para acompanhar os mais carecidos de apoio.

1.2. – Disposições gerais relativas às pessoas colectivas

A matéria relativa às associações é muito lacunosa e não corresponde às necessidades actuais. Impõe-se uma reforma completa, que permitisse alargar o seu escopo.

Também as regras legais sobre fundações estão arcaicas: ignoram a realidade do País e toda uma série de reformas que têm ocorrido noutros países, com relevo para a França e a Alemanha. O papel económico das fundações deve ser reconhecido e regulado.

2 – Das Coisas/disposições gerais

a) e *b)* Trata-se de matéria que carece de um estudo circunstanciado não sendo ainda possível avançar com quaisquer linhas de orientação mesmo nesta fase preliminar.

---

[17] Cfr. OLIVEIRA ASCENSÃO, *Direito Civil*, 2.ª ed., Coimbra, 2000, I, p. 21; MENEZES CORDEIRO, *Tratado de Direito Civil*, 2.ª ed., Coimbra, 2000, pp. 23 e ss., maximae, p. 33.

[18] No Direito francês a reforma de 3-Jan.-1968 aboliu a interdição substituindo-a pela categoria do maior protegido; na Alemanha, a reforma de 5-Set.-1990 suprimiu a tutela para maiores, abolindo também a interdição. Em sua substituição foi criado o instituto do acompanhamento ou Betreuung.

c) Ficou entendido que se justifica plenamente uma referência expressa aos animais: não são coisas, dispondo de protecção legal.

3 – Declaração negocial

Toda a matéria referente à declaração negocial carece de algumas intervenções. Trata-se, porém, de matéria central e alpina do Direito civil, ele próprio já de si, central relativamente a todo o ordenamento jurídico Português. Uma reforma desta matéria pressuporia, pois, estudos aprofundados insusceptíveis de serem realizados no curto prazo.

Embora ainda em fase preliminar julga-se, à semelhança do verificado noutras matérias constantes do Caderno de Encargos, vantajosa a articulação do Código Civil com o dispositivo normativo e regime interno consequente à Directiva 2000/31/CE.

4 – Prova documental (artigos 362 e ss.)

Também quanto a este ponto se afigura conveniente proceder à articulação entre os preceitos do Código Civil relativos à prova documental e o regime relativo à validade, eficácia e valor probatório dos documentos electrónicos e à assinatura electrónica, embora não seja, ainda, possível avançar em sede de relatório preliminar com propostas ou indicação daquelas que são julgadas as melhores formas de articulação e quais as alterações a introduzir.

5 – Contratos

Embora com o sentimento de que, nesta matéria, se deveria seguir a linha da Schuldrechtsmodernisierung, o que obrigaria à realização de estudos aprofundados a carecerem de prazo dilatado para a sua realização, entende-se, igualmente, e já em sede preliminar, que o Código Civil deverá contemplar directamente o regime jurídico consequente a todas as directrizes mencionadas neste ponto pelo Caderno de Encargos.

6 – Matérias no âmbito contratual que têm em conta de forma particular, ainda que não exclusiva, a posição jurídica dos consumidores

Também esta matéria carece de estudos e reflexões aprofundadas para além das reflexões preliminares solicitadas neste relatório. Contudo, entende-se desde já ser de proceder à integração no Código Civil do regime das cláusulas contratuais gerais e, em geral, de toda a matéria substantiva atinente ao Direito do consumo.

7 – Responsabilidade Civil

Sem prejuízo dos estudos que a concreta realização desta tarefa venha a impor entende-se, desde já e nesta fase preliminar, que a inclusão no Código Civil do regime relativo à responsabilidade civil decorrente de produtos defeituosos é não apenas razoável como, mais do que isso, aconselhável.

8 – Doações

A matéria pressupõe a realização de estudos mais demorados. Não é ainda, possível, nesta sede avançar com linhas orientadoras.

9 – Direitos reais de garantia

O regime dos direitos reais de garantia carece certamente de várias alterações e porventura não circunscritas apenas aos tópicos enunciados no caderno de encargos. Uma reforma desta matéria só é porém possível na sequência de estudos aprofundados, que carecem de prazo razoável para o efeito.

10 – Direito da Família

O Direito da Família carece de uma reflexão de fundo e não apenas nas matérias ou tópicos suscitados no Caderno de encargos. Nessa reflexão terão de intervir especialistas de diversos ramos. Por isso, uma intervenção neste domínio deverá carecer sempre de um prazo razoável. O Prof. Doutor Carlos Pamplona Corte-Real elaborou uma primeira reflexão sobre o tema; ela consta de um anexo a este relatório preliminar.

11 – Direito das Sucessões

Também esta matéria merece de profunda reflexão. O Professor Doutor Pamplona Corte-Real preparou um primeiro texto com diversas reflexões que consta de um anexo ao presente relatório.

Relativamente às matérias que a Faculdade está a estudar ao abrigo da Cláusula 2ª do Caderno de Encargos resultou o seguinte:

1 – Das Leis, sua interpretação e aplicação

Travou-se debate aceso sobre a matéria com pontos de vista extremamente divergentes. O Professor Doutor Pamplona Corte-Real considerou que os primeiros treze artigos deveriam ser suprimidos do Código Civil. O Professor Doutor Lima Pinheiro defendeu que a sede desses preceitos seria a Constituição, mas não sendo previsível a alteração da Constituição faria sentido que permanecessem no Código Civil devidamente revistos. A Professora Doutora Palma Ramalho, sustentou que essas normas sendo gerais deviam ficar no Código Civil. A Professora Doutora Fernanda Palma considerou que os artigos 13.° e seguintes não são normas com dignidade constitucional. Admitiu a possibilidade de as aligeirar mantendo-as no Código Civil e considerou que seria necessário um prazo substancial de tempo para o efeito. O Professor Doutor José Lamego sustentou não haver necessidade nem interesse prático de rever as normas sobre as leis, da sua interpretação e aplicação e sublinhou a inconveniência em se deixar esta matéria para processo de revisão Constitucional. Ninguém se pronunciou sobre a questão que consiste em saber se no caso das normas em análise se está de facto perante regras jurídicas vinculativas para o intérprete e em que medida. Esta disparidade de posições parece indiciar a necessidade de reformular a matéria agora em apreço. Contudo ela parece também indicar que uma qualquer reforma dos artigos 13.° e seguintes do Código Civil só será pensável a médio prazo, devendo ser oscultados professores de outros grupos de disciplinas. Desde já ficou assegurada a colaboração do Prof. Doutor Paulo Otero.

2 – Direito Internacional Privado

No quadro de uma reforma do Código Civil, deve contemplar-se uma revisão das disposições do Cap. III do Título I do Livro I ("Direito dos estrangeiros e conflitos de leis"). Esta revisão deveria ser alargada às disposições de fonte interna em matéria de competência internacional e reconhecimento de decisões estrangeiras, passando este conjunto de matérias a ser regulado, por forma devidamente articulada, num único diploma, à semelhança do que se verifica com a grande maioria das recentes codificações estrangeiras. Haveria então que equacionar a inserção deste conjunto de matérias no Código Civil ou numa lei avulsa.

A necessidade de reforma do Direito Internacional Privado decorre da existência de preceitos que são inconstitucionais ou obsoletos, das tendências de evolução verificadas a nível internacional, que se vieram a traduzir num desenvolvimento e aperfeiçoamento das soluções, e da exigência de articulação do Direito Internacional Privado de fonte interna com os instrumentos internacionais e comunitários em vigor nesta matéria.

a) Parte geral do Direito de Conflitos – Inclusão de uma regra relativa à eficácia de normas internacionalmente imperativas a consagração de uma cláusula de excepção a favor da lei que tiver com a situação privada internacional uma conexão manifestamente mais estreita que lei designada pela regra de conflitos.

b) Estatuto pessoal das pessoas singulares – Admissão da aplicabilidade da lei portuguesa ao estatuto pessoal dos imigrantes estrangeiros radicados em Portugal, quando estes aqui residam há tempo suficiente para o efeito.

c) Obrigações provenientes de negócios jurídicos – Adaptação dos arts. 41.º a 42.º do Código à Convenção de Roma de 1980 Sobre a Lei Aplicável às Obrigações Contratuais, flexibilizando-se essas regras e prevendo-se a aplicação, a título subsidiário, da lei do devedor da prestação característica do contrato, em vez da do lugar de celebração deste, que é de difícil determinação e de duvidosa adequação.

d) Obrigações extracontratuais – Adaptação do regime consignado nos arts. 43.º a 45.º ao projecto de Regulamento do Parlamento Europeu e do Conselho sobre a Lei Aplicável às Obrigações Extracontratuais, flexibilizando-se o mesmo e admitindo-se a escolha da lei aplicável pelos interessados, em condições a definir.

Considera-se que esta reforma exige aprofundados estudos comparativos e políticojurídicos e que, como tal, carece de um tempo razoável para a sua preparação.

3 – Artigos 336.º a 334.º

Admite-se eventual necessidade de uma ponderação da articulação entre a regulamentação constante do Código Civil e a constante do Código penal.

4 – Arrendamento urbano

O arrendamento urbano carece de uma reforma profunda e urgente, sendo de ponderar o seu regresso ao Código Civil. Estão em curso diversos trabalhos, prevendo-se a audição de professores de diversas sensibilidades.

5 – Contrato de empreitada

Toda esta matéria exige uma actualização aprofundada, tendo em conta as necessidades actuais e as coordenadas comunitárias.

6 – Contrato-Promessa

Predominou a conveniência em restituir, ao Código Civil, a traça inicial. Essa orientação seria compatível com a manutenção de preceitos destinados a proteger o interveniente débil.

7 – Depósito

Pondera-se a superação do carácter necessariamente real do contrato de depósito, que preside ainda à noção estabelecida no artigo 1185.º do Código Civil, reconhecendo-se em manifestação do princípio da autonomia da vontade – como é defendido, por importante doutrina portuguesa e estrangeira –, a possibilidade de constituição do contrato de depósito solo consensu (uma solução a estabelecer identicamente para o mútuo e o comodato, considerados tradicionalmente, como o depósito, contratos reais quoad constitutionem, categoria esta que, em relação aos tipos de contratos referidos, já não reveste hoje clara utilidade).

Julga-se ser de ponderar também o estabelecimento do critério (omisso no actual regime do depósito no Código Civil) determinativo do dever de guarda ou custódia (dever principal que, juntamente, com o intuitu personae, caracteriza o contrato), tida em conta uma regulação adequada à repartição dos riscos. Merece porventura aperfeiçoamento a definição do depósito irregular (artigo 1205.º do Código Civil), pois o depósito que tenha por objecto coisas fungíveis pode ser comum, apenas sendo irregular se as partes houverem estabelecido a faculdade de o depositário se servir delas, havendo, por isso, de restituir outras tantas do mesmo género, qualidade e quantidade.

Admite-se a previsão expressa e directa de que, no depósito irregular, a propriedade da coisa se transmite ex contractu para o depositário. Deverá abordar-se a questão de saber se haverá interesse em se alargar a referência, no regime do depósito no Código Civil a outras modalidade de depósito, além do depósito de coisa controvertida e do depósito irregular (quanto a este, podendo ainda discutir-se se deverá manter-se a sua consideração como modalidade de depósito ou se poderá ser autonomizado como tipo próprio).

8 – Outros contratos

A unificação do Direito privado, presente nas codificações mais recentes, com relevo para a holandesa e a brasileira, levaria à inserção de numerosos outros contratos, no Código Civil. Trata-se de um assunto a estudar no futuro.

9 – Representação voluntária e orgânica

A teoria da representação voluntária foi particularmente influenciada, no espaço jus-cultural tudesco, pela jurisprudência dos conceitos, pelo método jurídico puro e por uma visão mercantilista do direito. Tudo isto contribuiu para o desenvolvimento de uma solução que permitia ao representante vincular o representado, desde que agisse dentro dos poderes formais de representação outorgados. Isto mesmo que houvesse abuso de representação e o terceiro conhecesse o referido abuso. A jurisprudência alemã, depois seguida pela doutrina, acabaram, porém, ao longo dos anos, mas sem alterar a matriz conceptualista do fenómeno da representação voluntária e procurando manter tanto quanto possível a visão mercantilista da figura, por desenvolver e consagrar a doutrina do abuso de representação. Este fenómeno daria origem a aporias e contradições no interior do instituto da representação voluntária da maior complexidade e dificuldade.

O nosso Código Civil, aderiu no essencial ao modelo de representação voluntária vigente na Alemanha. Importou, por isso, para o nosso ordenamento as dificuldades e contradições que a figura apresentava naquele país.

Os problemas agravam-se se se estabelecer um paralelo entre a representação voluntária e a representação orgânica. A realização de uma actividade contida dentro das fronteiras formais do poder voluntário de representação mas em contradição com o fim para o qual foi concedido vinculam o representado excepto se o terceiro conhecia ou devia conhecer o abuso de representação (artigo 269.º do Código Civil). Em contrapartida o regime da vinculação das pessoas colectivas tem permitido uma leitura por parte da doutrina dominante no sentido de que os actos que não respeitam o fim para o qual o ente colectivo foi concebido são nulos. Verifica-se, pois, como perante duas condutas nas quais se assiste a um desvio do fim mais facilmente se permite a desvinculação no caso da representação orgânica do que no caso da representação voluntária, gerando-se assim uma contradição valorativa que deveria ser eliminada.

Por tudo isto quer a figura da representação voluntária quer a figura da representação orgânica deveriam ser repensadas e revistas no quadro de uma revisão do Código Civil. Trata-se, porém, de uma matéria a merecer atento estudo carecendo, destarte, de um tempo razoável para a sua realização.

10 – Questões que se prendam com a condição das mulheres (atravessam todo o Código Civil)

Pondera-se a hipótese de substituir a designação deste tópico simplesmente pela expressão igualdade. Haverá matéria de super protecção da mulher no Código Civil que carece de ser revista. Propõe-se, entre outros aspectos, a substituição da expressão poder paternal pela de poder parental. Considera-se, finalmente, necessário reflectir sobre a articulação do estatuto da mulher com outros estatutos, de natureza diversa, por ela desempenhados.

Lisboa, 30 de Outubro de 2003

O Professor-Coordenador

Prof. António Menezes Cordeiro

O Professor-Secretário

Prof. Pedro de Albuquerque

ANEXO AO RELATÓRIO PRELIMINAR DA FACULDADE DE DIREITO DA UNIVERSIDADE DE LISBOA DA AUTORIA DO PROF. DOUTOR CARLOS PAMPLONA CORTE-REAL

I
Considerações Prévias

1. Começarei por formular algumas observações sobre os termos em que é solicitado o estudo reformista sobre o actual Código Civil. É que há uma aparente contradição de perspectivas entre a pretensão de um trabalho aprofundado em ordem a uma futura Reforma substancial e a sugestão, também feita, de se elencar, desde já, um leque de pontos, matérias, temáticas carecidas de revisão, com apresentação inclusive de propostas concretas de redacção de novos ditames.

É que, havendo *fases* por que necessariamente passará a concretização de qualquer Projecto Reformista, ele não pode nunca fazer abstracção de uma prévia linha de orientação global em sede de Política Legislativa (de proveniência governamental) e, muito menos, surgir casuisticamente desgarrado de uma necessária unidade sistemático-jurídica. Não são, por isso, facilmente legíveis e exequíveis os propósitos do G.P.L.P..

2. Acresce que o G.P.L.P. enuncia mesmo, exemplificativamente ou não, algumas questões concretas, que não serão, realmente, questões de pura técnica jurídica. Sendo certo, também, que as respostas estarão minadas à partida pela influência do actual "espírito jus-positivo", pois se desconhece o alcance da Reforma superiormente pretendida.

Como vem acontecendo a nível de Direito Comparado, e não será senão o espelho de anteriores experiências reformistas entre nós, e em qualquer sector do ordenamento jurídico, seria talvez de adjudicar a tarefa ora em causa a uma alargada Comissão, funcionando seccionadamente, e integrando especialistas escolhidos precisamente por grandes áreas temáticas. Com a necessária delonga temporal e com fixação de objectivos de Política Legislativa. Mas avance-se, enunciadas as precedentes condicionantes.

3. Compete-me, no âmbito da Reforma e relativamente às matérias de que fui incumbido pelo Prof. Doutor Menezes Cordeiro – Livros IV, V e Parte Geral do Livro I, Capítulos I e II – dizer então da metodologia que procurarei seguir.

Numa *primeira fase*, nos vários sectores que trabalharei, esboçarei uma reflexão crítica sobre as questões-cerne, os temas nevrálgicos, os pontos de maior celeuma que podem justificar, "a la longue", uma revisão profunda e globalmente coerente do Código Civil.

Depois, numa *segunda fase*, elencarei *alguns tópicos, dir-se-ia, mais prementes*, adentro dos critérios da reflexão feita em ordem a um reajuste, evolutivamente desejável, do direito em vigor; nesta fase, é natural que se mesclem sugestões "de jure condito" com algumas outras norteadas por preocupações "de jure condendo", por se situarem num momento intermédio ou de transição reformista.

Por fim, *numa terceira fase*, ater-me-ei às perguntas formuladas em concreto pelo G.P.L.P.. Quando muito, se viáveis de imediato, apresentarei algumas sugestões (mais do que propostas concretas) em aspectos jurídicos mais candentemente carecidos de correcção.

II
O Direito da Família
(Livro IV do Código Civil)

A) *Uma filosofia renovada do Direito da Família*

1. *Está em plena convulsão o Direito da Família*. A nível interno e internacional, diga-se. De tal modo que há que repensar *o âmbito* das assim ditas *relações jurídicas familiares* (enunciadas, entre nós, no art. 1576º do C.Civ.).

A profunda alteração da filosofia divorcista, com o caminhar-se para a solução do *divórcio-remédio*, que subalterniza, tornando-o mesmo indesejável, o divórcio-sanção, privilegiando naturalmente o recurso à mediação familiar e ao divórcio por mútuo consentimento, vem pôr em causa variadíssimos aspectos estruturantes do actual instituto do casamento, a saber: a legitimidade para *a injunção legal de deveres pessoais conjugais*; a própria noção de *culpa* subjacente à consecução do divórcio, face ao carácter eminentemente *livre* e *pessoal* do vínculo nupcial; o progressivo *esvaziamento do conteúdo do acto e do estado matrimonial*, que é susceptível de *ser feito extinguir, acordadamente, logo no dia seguinte ao da sua celebração* (cfr. art. 1775º, nº 1 do C.Civ.); por fim, a *difícil convivência*, com funcionalidades específicas, mesmo que supostamente (?) distantes, *do casamento e da denominada "União de Facto"* (cfr. Lei nº 7/2001, de 11 de Maio, que revogou a Lei nº 135/99, de 28 de Agosto).

2. Aliás, *a tutela legal reconhecida à União (dita) de Facto traz para a ribalta jurídica o seu cotejo estrutural e axiológico com o casamento*, preso nas amarras de uma injuntividade de regime que, menos que dignificante, é afrontador da sua antenticidade.

Não parece legítimo, crê-se, ver na União de Facto (terminologia legal, no mínimo, perplexizante) uma simples alternativa "ajurídica" (?) posta à disposição dos que, querendo viver em comunhão de mesa, leito e habitação, não querem contudo contrair casamento, por privilegiarem uma relação afectiva coexistencial, marcadamente "livre" (como se o casamento o não fosse ou devesse ser), porque despida de quaisquer constrangimentos jurídicos.

3. A fragilidade admitida, como se disse *supra*, e também a nível do direito comparado, quanto ao vínculo conjugal; os significativos efeitos conferidos por lei às uniões livres; as expectativas juridicamente criadas com o alongar do tempo de uma como que *"posse de estado paraconjugal"*, nomeadamente face ao instituto da *boa-fé* (relembre-se, *similarmente, e por exemplo, o regime do casamento putativo*, que, de si nem é sequer um casamento válido – cfr. art. 1647º do C.Civ.); a impossibilidade de a lei pretender tutelar uma qualquer situação de plenitude coexistencial que possa frontalizar, na inconsistência do seu objecto, a dignidade da pessoa humana; e, por fim, a desejável intervenção legal cada vez menor, apenas *subsidiária*, em *qualquer tipo de acordo de convivência plena* (seja casamento, seja união livre, hetero ou homossexual), fazem antever que o próximo-futuro Direito da Família, *se deva encaminhar para o acolhimento de quaisquer fórmulas de constituição e relevância familiar*, cabendo-lhe acolhê-las, respeitá-las (na medida da sua afirmação social), balizá-las juridicamente, sem jamais tolher a sua *gradativa especificidade*. A possível *registabilidade* de todas (de forma, quiçá, simplificada) permitiria uma *dignificação e eficácia jurídica* das mesmas, *bem ao lado do casamento*, por respeito à liberdade e autonomia de vontade.

4. Nem se vê como, hoje em dia, a união "de facto" – por precário que se reconheça ser o vínculo criado – possa não ser tida, face à perdurabilidade do mesmo como pressuposto da tutela jurídica concedida, como uma verdadeira *relação jurídica familiar*, pelo que se imporia, tão proximamente quanto possível, a reformulação do art. 1586º do C.Civ..

Uma coisa é certa: a ideia de perenidade, mais virtual do que real, e também no casamento com a actual filosofia divorcista, torna difícil o recorte do que tradicionalmente se chamava de *estados jurídicos familiares* e exalta a *fragilidade da garantia* reconhecível aos negócios e estados familiares dado o seu cariz pessoal e, por isso, necessariamente livre.

A Filosofia do Direito, baloiçando então entre valores injuntivos conjugais e valores de livre realização a nível individual, vai progressivamente reconhecendo, aliás, a primazia destes, em nome da *autenticidade coexistencial.*

Haverá então que repensar o Futuro, até em termos de orgânica social, assente ainda num modelo familiar inequivocamente *ultrapassado.*

5. Mas há mais a dizer.

É que, prevendo-se uma cada vez menor incidência do Direito da Família na área conjugal e paraconjugal, *atiradas para a tutela autoregida dos parceiros e conviventes*, será inevitável que as preocupações do Direito da Família *se encaminhem e concretizem na protecção dos filhos e crianças menores em situação de perigo* para a saúde ou de perigo moral, assumindo este ramo do Direito uma nova e interessante *dimensão parapública*, cada vez mais acentuada.

O instituto da adopção e a sua articulação com a confiança administrativa e judicial; o alcance e funcionalidade do Poder (dito) Paternal; a revisão da Lei de Protecção das Crianças e Menores em Perigo (e, igualmente, da Lei Tutelar Educativa) com vista à articulação, cada vez mais perfeita, com os institutos da Suspensão e Inibição do poder paternal (e maternal); a dinamização e redimensionação das chamadas *Comissões de Protecção de Menores, são tarefas primordiais* que devem vir a constituir o novo grande núcleo normativo do Direito da Família – de cariz fundamentalmente publicista, em íntima conexão com o Direito da Segurança Social.

E a tudo isto, rematando, se juntará ainda a crescente *evolução do conceito biológico de filiação para novos modelos de filiação* por via da inseminação artificial, da fertilização *in vitro* (e, ou da chamada clonagem); em suma, um "admirável (ou não) mundo novo" *a jurisdicizar* – *de alto a baixo* – certeira mas ... *lentamente*, na certeza de que sobrevirá, a breve trecho, *a imperiosa necessidade de se encontrarem suportes sólidos*, marcadamente diferentes, de uma substancialmente transformada organização social.

B) *Tópicos fundamentais de uma reflexão reformista*

É altura de se proceder, em conformidade, à listagem, sumariamente justificada, dos pontos fundamentais mais carentes de um toque reformista. Trata-se de matérias que, até já numa leitura do sistema jurídico-familiar actual, são entrevisíveis, mas que se consideram projectáveis numa óptica de alteração legislativa próxima/futura:

1) No que concerne ao enunciado legal das fontes das relações familiares, *o devido reconhecimento como tal da união de facto*, bem como no que à maternidade e paternidade respeita, a admissão da relevância de *formas artificiais de reprodução*, que continuam carecidas de regulamentação legal.

2) A propósito do casamento-acto, haverá que *fazer concretizar aplicativamente a Lei da Liberdade Religiosa* (Lei nº 16/2001, de 22 de Junho), exigência incondicional de observância do princípio constitucional da igualdade (art. 13º, nº 2 da C.R.P.).

3) Urge também reflectir criticamente *na pertinência de um regime dual de anulação do casamento e de divórcio*, nomeadamente quando ocorra uma convivência conjugal após a celebração do matrimónio, independentemente do que deverá ajuizar-se da *justificação do regime aplicável ao sobrevivente instituto do casamento putativo*.

4) Ainda no domínio das fontes das relações jus-familiares, será necessário *definir com precisão a essência da figura da união de facto* (corrigindo a falha terminológica legal), *para se esclarecer, de uma vez por todas, o grau da sua similitude ou antagonismo funcionais face ao casamento*. É que a Lei nº 7/2001, de 11 de Março está longe de ser explícita nesse tocante.

5) Também, adentro desta temática da união de facto, parece *dever eliminar-se qualquer discriminação de regimes das uniões hetero- e homossexuais* (cfr. arts. 6º e 7º da Lei nº 7/2001).

6) *Relativamente à adopção*, julga-se pensável *a exclusiva admissão da modalidade da adopção plena*, e talvez, crê-se, um *eventual alargamento dos fundamentos da revisão da sentença judicial* que a tiver decretado (cfr. arts. 1990º e 2002º-C do C.Civ.), *na óptica sobretudo do interesse do adoptado*. Uma outra possibilidade seria *a manutenção da adopção restrita* (vd. arts. 1992º e segs. do C.Civ.) *e a sua conversão automática, após um prazo razoável legalmente fixado e controlado, em adopção plena*.

7) No que concerne à temática do *registo do casamento*, seria legítimo admitir-se *a eficácia da celebração do mesmo se circunscrita inter-partes*, independentemente de ter sido lavrado o respectivo assento (vd. arts. 1669° e 1670° do C.Civ.).
8) Igualmente em sede de registo, sustenta-se a conveniência, *e indispensabilidade mesmo, da registabilidade das uniões de facto*.
9) Quanto ao casamento-estado ("in facto esse") e aos chamados *deveres pessoais conjugais*, advoga-se a dispensabilidade de um qualquer enunciado legal dos mesmos (cfr., nesse sentido, o teor do art. 1671°, n° 2 do C.Civ.).
10) Do mesmo modo, e conexamente com o chamado divórcio-sanção (cfr. art. 1779° do C.Civ.), *deveria ser revisto o conceito legal de culpa* (?), num acto de cariz eminentemente pessoal e livre (cfr. arts. 1779°, 1782°, n° 2, 1783° e 1787° do C.Civ.).
11) *Fazendo cada vez menos sentido, juridicamente, falar-se em divórcio-sanção*, haveria, pelo menos e para já, que *sublinhar o cunho excepcional do art. 1792° do C.Civ.*, impeditivo de qualquer pretensamente acrescida responsabilidade civil, contratual ou extracontratual, neste domínio. No tocante *ao dever de alimentos ao cônjuge, pós-divórcio*, ele deveria decorrer, fundamentalmente, *da situação existente, na constância do casamento*, se mantida e predeterminante de uma acrescida *dificuldade de reconversão da vida* (à semelhança da lei alemã), sem uma interferente ponderação de "pretensas" imputações de culpa.
12) Concretamente sustenta-se que, uma crescentemente facilitante filosofia divorcista, *implícita a derrogação do vetusto e anómalo instituto da separação judicial de pessoas e bens* (arts. 1794° e segs. do C.Civ.).
13) Quanto aos *efeitos patrimoniais do casamento*, é flagrante a necessidade de uma *flexibilização substancial* do regime de bens actual, partindo-se, nomeadamente, da *consagração legal como regime de bens supletivo do regime de separação de bens*, em respeito da autonomia da vontade e individualidade dos consortes (cfr. arts. 1678° e segs., 1682° e segs., 1690° e segs. e 1717 e 1735° do C.Civ.).
Não fazem, por isso, qualquer sentido, neste âmbito, preceitos legais como os arts. 1682°-A e 1683°, nomeadamente conexos com o art. 1699°, n° 1, als. *b*) e *c*) do C.Civ., ou seja, *injunções normativas na esfera patrimonial conjugal*.

14) Necessária é ainda *a clarificação do regime das dívidas conjugais*, com a efectiva *circunscrição das dívidas ditas comunicáveis* (arts. 1691º, 1695º e 1696º do C.Civ.), *e com a articulação do regime das dívidas com o regime de bens, com o processo de execução judicial e com a índole própria ou comum do bem que as predetermina*.
15) É também indispensável a revisão, no sentido da sua *derrogação, do princípio da imutabilidade do regime de bens conjugal* (cfr. art. 1714º do C.Civ.). *Idem, no que concerne à inserção de pactos sucessórios em convenções antenupciais, é a inexplicável diferença de regimes entre doações para casamento e entre casados* (arts. 1753º e segs. e 1765º do C.Civ.).
16) Deverá também proceder-se a uma *uniformização do estatuto patrimonial fixado para o casamento com o das uniões de facto*, até para tutela de terceiros.
17) *Em sede de filiação*, e para além do já referido recorte de *balizas jurídicas quanto à relevância da procriação medicamente assistida*, impõe-se *alterar o regime de custódia e guarda dos filhos no caso de divórcio ou separação de facto*, ajustando-se o teor dos arts. 1905º, 1906º e 1909º do C.Civ. no sentido da instituição da *guarda partilhada e do exercício conjunto do poder paternal pelos progenitores*.
18) Por fim, e face à especificidade da situação de *perigosidade ou incapacidade no exercício do poder paternal ou substitutivo*, é indispensável a efectivação de uma cuidada *revisão da Lei de Protecção de Crianças e Menores em Perigo* (Lei nº 147/99, de 1 de Setembro), e da *Lei Tutelar Educativa* (Lei nº 166/99, de 14 de Setembro), articulando os ditames e valores em causa, de forma eficaz e particularmente atenta ao real interesse da criança. O mesmo se diga, e por conexão, com todo o processo prévio constitutivo da adopção, igualmente revisto recentemente pela Lei nº 31/2003, de 22 de Agosto, a qual, porém, sugere ainda complexidade burocrática e parca inovação e flexibilidade nas medidas adoptadas.

Esta parece vir a ser a temática, por excelência, de um renovado Direito da Família, face às novas formas que a instituição familiar vai assumindo, as quais *trazem para um primeiro plano todo o tipo de medidas efectivamente tutelares dos direitos das crianças*.

C)*Parecer relativo às questões formuladas no Caderno de Encargos pelo G.P.L.P.*

1. É em primeiro lugar colocada a questão de se apurar o impacto das técnicas de reprodução assistida no regime dos impedimentos dirimentes relativos ao casamento, tendo em conta a decorrente proliferação de indivíduos geneticamente relacionados, por via do aumento da dação de gâmetas masculinos. Vejamos:

1.1. Desde logo haverá que esclarecer que, neste domínio, existe um ditame legal relevante, constante do art. 1839º, nº 3, do C.Civ., o qual estatui que "não é permitida a impugnação de paternidade com fundamento em inseminação artificial ao cônjuge que nela consentiu".

Tal preceito suscita, sem dúvida, *duas questões fundamentais*, a saber: se a proibição da impugnação da paternidade abarca não só o progenitor que consentiu na inseminação, mas ainda as pessoas indicadas no nº 1 do mesmo art. 1839º, ou seja, *a própria mãe*, o *filho*, ou nos termos do art. 1841º, o *Ministério Público*; depois, será legítimo equacionar-se *a possível extensão do preceito à dação de ovócitos*, conexa, via de regra, com o processo de fertilização "in vitro".

1.2. Quanto ao primeiro ponto, parece justificável *a interpretação extensiva* do nº 3 do art. 1839º, porque a "ratio decidendi" ou *elemento teleológico* da interpretação é o mesmo, correspondendo à consecução de propósitos de paz familiar e adequado enquadramento familiar para o filho (repare-se, ainda, no lugar paralelo do art. 1987º do C.Civ.).

1.3. Relativamente ao segundo problema, não obstante ser genericamente admitida a nível de direito comparado a dação de ovócitos, certo é *que este aspecto já corresponde, sem dúvida, a uma lacuna da lei* (que o espírito não cobre).

Ora o art. 1839º, nº 3 é, sem dúvida, *uma norma excepcional, insusceptível por isso de aplicação analógica* (cfr. art. 11º do C.Civ.).

Perante o nosso ordenamento jurídico, continua a existir uma *lacuna ou omissão legal*, diria uma lacuna intencional mas de *expectativa*, confirmada até *pelo veto presidencial* ao Decreto da Assembleia da República nº 415/VII, publicado no *Diário da República*, II Série, de 30 de Julho de 1999.

1.4. Assim sendo – e não obstante o facto de o Decreto-Lei nº 319//86, de 25 de Setembro, surgido na sequência dos trabalhos da então criada Comissão para o Enquadramento Legislativo das Novas Tecnologias, não ter sido regulamentado, como o exigia o art. 2º do citado diploma (que fixava normas relativas à disciplina e actividade dos bancos de esperma) – o G.P.L.P. dá por juridicamente assente (?) a prática corrente da inseminação artificial; por isso, se preocupa somente com a eventual *proliferação de indivíduos geneticamente relacionados*, e com a sua possível interrelação conjugal, solicitando a ponderação jurídica em matéria de eventual *alargamento de impedimentos dirimentes* (relativos).

1.5. Mas nesse ponto, será de chamar a atenção superior para o teor do art. 1603º, nº 1 do C.Civ., que estatui que "*a prova de maternidade ou paternidade*, para efeitos do disposto nas alíneas *a*), *b*) e *c*) do artigo precedente, *é sempre admitida no processo preliminar de publicações*, mas o reconhecimento do parentesco (...) não produz qualquer outro efeito (...)".

Parece, por isso, *ser já hoje possível prevenir o perigo a que se reporta o G.P.L.P.*, através da denúncia *em processo preliminar de publicações, nos termos latos consentidos no art. 1611º, nº 1 do C.Civ., de uma situação de inseminação artificial consentida* (relembre-se o art. 1839º, nº 3 do C.Civ.).

Corroborando tal asserção, confira-se a actual redacção do art. 26º da C.R.P., nºs 1 e 3, sendo embora urgente – não obstante a complexidade em torno da temática – legislar em temas de procriação assistida "lato sensu", *tão conflituante ela pode revelar-se com a tutela de direitos fundamentais*.

2. *A segunda dúvida levantada* pelo G.P.L.P. tem a ver com os efeitos que "a eventual *integração*, ainda que apenas *parcial*, do regime das uniões de facto no Código Civil (possa) ter sobre as disposições dos demais Livros que compõem essa codificação.

2.1. Não será segura a detecção do alcance da transcrita dúvida. Sempre se dirá, porém, que o regime actual das uniões de facto, consta, como é sabido, da Lei nº 7/2001, de 11 de Maio (que revogara a Lei nº 135/99, de 28 de Agosto). Ora tal diploma, manifestamente falho do ponto de vista jurídico, suscita um mar de interrogações.

2.2. Com efeito, está por explicitar a verdadeira essência jurídica da união de facto, *nomeadamente no que tem a ver com uma eventual aproximação ou antagonismo funcionais com o casamento.*

Não dita a L.U.F. (Lei da União de Facto) deveres pessoais entre os companheiros, mas a aproximação do regime de férias, faltas, licenças e preferências de colocação com o do casamento [vd. als. *b)* e *c)* do art. 3º] parece implicitar a sua existência, pelo menos ao nível de um idêntico *dever de cooperação*.

Nada diz a Lei no tocante a outros deveres, *v.g.*, quanto a um eventual *dever de fidelidade* e *de respeito*, mas estará bem de ver que a exigência de uma comunhão de mesa, leito e habitação por dois anos, como requisito constitutivo e não só, será apenas compatível com uma ideia de exclusividade e de recíproco respeito.

Será, por isso, no mínimo complexa, a leitura do alcance do art. 8º, nº 1, al. *b)* da L.U.F., que estatui, aparentemente, no sentido do possível *rompimento unilateral* da União de Facto. Residirá na latente ruptura da União de Facto por qualquer dos parceiros, e, ou *apenas nela*, a especificidade de tal situação face ao casamento?

2.3. São pontos que não vou agora aprofundar analiticamente. Refiro-os para expressar a indubitável *insuficiência técnica*, em aspectos tão nevrálgicos do diploma em causa que, nos seus arts. 3º a 7º enuncia várias consequências de algum relevo imputáveis à união de facto.

Do que se deixa dito (e da própria omissão de registabilidade), parece poder retirar-se uma imediata inferência: não se crê desejável a transposição do regime instituído na Lei nº 7/2001 para o Código Civil. *Antes deverá todo ele ser revisto e reformulado antes dessa eventual transposição*.

2.4. Tenho, aliás, para mim, não ser legítima uma leitura simplista – ainda em voga – que sustenta que o direito actual ainda *ostracizaria* a União de Facto, vendo-a com alternativa ajurídica (?) ao casamento. Mas como é possível um tal entendimento nos tempos que correm, *face ao direito comparado* e, desse ponto de vista, *até mesmo face ao regime tutelar já hoje acolhido na nossa Lei*? Poderá o Direito proteger, com inegável significado, situações meramente "fácticas" (?) (...).

Reveja-se, pois, despreconceituosa e tecnicamente a Lei nº 7/2001, antes de mais.

3. A terceira pergunta formulada pelo G.P.L.P. pede uma reflexão crítica sobre o teor do art. 1911º do C.Civ.. Nesse preceito estatui-se, com efeito, que relativamente à filiação *estabelecida* quanto a ambos os progenitores *não unidos* pelo casamento, "*o exercício do poder paternal pertence ao progenitor que tiver a guarda do filho*" (nº 1), *presumindo-se* que "*a mãe tem a guarda do filho*" (presunção judicialmente elidível).

3.1. É certo que o nº 3 admite que, *no caso de "os progenitores conviverem maritalmente, o exercício do poder paternal pertence a ambos quando declarem, perante o funcionário do registo civil,* ser essa a sua vontade", sendo então aplicável o disposto nos arts. 1901º a 1904º do C.Civ..

Mas tem pertinência, realmente, a temática cuja análise é suscitada. *É que não faz sentido que, encontrando-se a filiação estabelecida em relação a ambos os progenitores, surja uma presunção, ainda que elidível, de que a guarda compete à mãe, implicando essa guarda o exercício do poder paternal* (ressalvado o disposto no nº 3).

3.2. Creio que o dispositivo legal em causa *resvala a própria inconstitucionalidade,* por frontalizar o art. 36º, nº 5 da C.R.P. (*vd.*, ainda, os nºs 3, 4 e 6). Mas a verdade é que ele se limita a acolher normativamente *uma prática judicial, conexa com o divórcio e com a regulação da guarda ou custódia dos filhos.* Com efeito, os tribunais, numa prática decisória reiterada – quase se diria tratar-se de um verdadeiro costume jurisprudencial – vêm atribuindo a custódia dos filhos menores e, consequentemente, o efectivo poder paternal, às *mães.* Isto, não obstante a Lei nº 59/99, de 30/6, ter, inconsistentemente, alterado a redacção do art. 1906º (*limitou-se a inverter a ordem dos nºs 1 e 2*). *É que o acordo dos progenitores para o exercício conjunto do poder paternal, sendo agora um objectivo primeiro* a atingir no caso de divórcio (separação judicial de pessoas e bens, declaração de nulidade ou anulação do casamento) uma vez falhado, deixa tudo ficar como ... dantes!

3.3. É certo, realmente, que o nº 2 do art. 1905º e os nºs 2 e 4 do art. 1906º, não especificam nenhuma preferência por qualquer dos progenitores, no tocante à deferência da custódia e do exercício do poder paternal (ao "outro" competirá tão somente um poder distante de fiscalização desse exercício). Mas, não obstante, sempre se inculcaria uma aparente violação dos nºs 5 e 6 da C.R.P.. Ao que acresce a sistematicidade da institucionalização jurisdicional da *figura ínvia* – contra o manifesto interesse dos próprios filhos – do "pai-de-fim-de-semana" ...

É altura, pois, de se pensar numa clarificação e correcção legal desta prática dos tribunais, com a consagração da chamada *guarda partilhada (ou conjunta).*

3.4. É que estão de há muito superados *os preconceitos* que subjaziam no reconhecimento de um papel funcional diversificado aos cônjuges e, ou, companheiros, adentro da comunhão conjugal ou paraconjugal. A nível da psicologia, é, hoje em dia, pacificamente aceite o melhor contributo, para a estabilidade emocional das crianças, da manutenção de um convívio regular, tão próximo quanto possível, face ao que ocorria antes da situação de ruptura, *com ambos os progenitores*.

A ideia de um pai "pagante", e inviavelmente educador no fim de semana, deverá ceder perante *um bem diverso quadro normativo de base, atento às circunstâncias de cada caso, mas visando sempre a partilha da guarda ou custódia dos filhos e do exercício do poder paternal. Na medida do possível, do querido e do exigido aos progenitores*. A lição juscomparatista aponta, de resto, nesse sentido.

3.5. Assim sendo, e concluindo, parece-me realmente de alterar o teor, não só do art. 1911º, ora trazido à colação, nomeadamente do seu nº 2, como dos arts. 1905º, 1906º, 1909º, 1775º e 1776º do C.Civ. e, consequentemente, de toda a legislação processual e do registo civil conexa com a temática.

D) *Algumas sugestões de possível aplicação imediata*

1. Não vou apresentar superiormente propostas concretas de redacção de medidas a tomar, mesmo que com o cunho de medidas de maior urgência. *Aguardarei a maturação desta ideia reformista (...).*

1.1. Limitar-me-ei a sublinhar as que podem ser exequíveis *a mais curto prazo*, a saber:

– a inserção da *união de facto entre as fontes de relações jurídicas familiares* (vd. art. 1576º C.Civ.);
– a *efectiva aplicação da Lei da Liberdade Reliogiosa* (Lei nº 16//2001), dependente de vários factores, nomeadamente também da ultimação da revisão da Concordata (entretanto concluída);
– a *flexibilização do regime patrimonial conjugal*, v.g. com a derrogação dos arts. 1682º-A, nºs 1 e 2, e 1683º, do C.Civ.), e não só (cfr. art. 1714º do C.Civ.);
– a *aproximação do regime das doações para casamento* (arts. 1753º e segs.) *e das doações entre casados, e a eliminação dos pactos sucessórios inseridos em convenções antenupciais*;
– a adopção, como *regime supletivo, da separação de bens* (cfr. arts. 1735º e 1736º do C.Civ.);
– a revisão de todo o regime do divórcio litigioso (divórcio-sanção), *no que à ponderação da culpa* (?) *se reporta*, e explicitação da *ratio limitativa* do art. 1792º do actual C.Civ.;

– a *extinção do reminiscente instituto de separação judicial de pessoas e bens* (arts. 1794º e segs.), cuja função de antecâmara do divórcio não faz, hoje em dia, qualquer sentido;
– a *consagração da guarda ou custódia partilhada ou conjunta dos filhos menores*, nos casos de ruptura conjugal ou paraconjugal e, inerentemente do *exercício conjunto do poder paternal* por ambos os progenitores (para as divergências em assuntos de *maior relevância*, e similarmente, na constância do casamento, *vd.* arts. 1875º, nº 2 e 1901º, nº 2 do C.Civ.);
– *eliminação dos aspectos do regime da união de facto inequivocamente discriminatórios face ao casamento* e, do mesmo passo, revogação do art. 7º da Lei nº 7/2001;
– tutela mais eficaz burocrática e substancialmente, da situação das crianças e menores em perigo, tal como alteração de certos pontos do regime da adopção, alguns de duvidosa constitucionalidade (*v.g.* arts. 1985º e 1987º do C.Civ.);
– finalmente, urgente *regulação dos métodos de procriação assistida*, entre nós em parte legitimados pelo art. 1839º, nº 3 do C.Civ., por eventualmente poderem ser atentatórios de direitos fundamentais.

1.2. Termino, nesta área jurídico-familiar, *sugerindo um próximo momento de pausa e reflexão conjunta e alargada, devidamente coordenada, trabalhada em comissões e subcomissões por grandes áreas*, e sob impulso de opções de política legislativa superiormente ditadas.

III
O Direito das Sucessões
(Livro V do Código Civil)

A) *Ampla reflexão sobre o Direito Sucessório actual*

1. Dir-se-ia que *são três os dilemas fundamentais* que o Direito das Sucessões, entre nós, suscita. Desde logo, *sendo o nosso sistema assente na posição dos sucessores, herdeiros ou legatários*, cumpre reflectir na razão de ser de toda uma *carga significativa* do regime do herdeiro face ao legatário. É que, perante o art. 2030º, nomeadamente nºs 2 e 3, o *herdeiro* não será o que recebe *muito* por contraposição ao legatário, podendo mesmo acontecer que aufira apenas uma quota hereditária pequena ou um remanescente de reduzido valor, bem diversamente do beneficiário de legados que, sendo bens determinados, podem ser valiosos e, quiçá, mais expressivos do ponto de vista da ligação ao "de cujus".

1.1. Não obstante, o herdeiro é o sucessor que suporta, via de regra, o passivo da herança (cfr. arts. 2068º a 2071º do C.Civ.), que beneficia mais amplamente do direito de acrescer (cfr. arts. 2301º e 2137º, nº 2), que pode tomar medidas conexas com a protecção da personalidade do *de cujus*, enfim, que desenvolve prioritariamente tarefas de administração na jacência da herança, para além do próprio cabeçalato. Urge, pois, agarrar a "filosofia" do sistema, que se aproxima dos Direitos italiano e francês.

2. *Segundo ponto relevante* terá a ver com a querela em torno da *natureza jurídica da porção (ou quota) legitimária* que, perante a nossa lei parece conferir aos titulares, como título de vocação sucessória autónoma (cfr. arts. 2026º e 2027º do C.Civ.), *a qualidade de herdeiro* (arts. 2157º a 2161º).

Mas a verdade é que a legítima tem um *valor determinado* ao tempo da abertura da sucessão (cfr. art. 2030º, nº 2, *in fine*), como estatui o art. 2162º, sendo que esse *quantum* é aprovado em momento obviamente não coincidente com o da partilha, judicial ou extrajudicial (cfr. art. 2101º), criando perplexidades óbvias no que respeita à posição do legitimário ante a variação do valor do *relictum* até esse momento. Acresce que além de *determinado*, o valor da legítima é *um valor líquido* e resulta da ponderação do *donatum*, feito *regressar*, ficticiamente à herança.

2.1. *A intangibilidade qualitativa* (arts. 2163º a 2165º) *e quantitativa da legítima* (arts. 2168º e segs.), em conexão com situações de *cruzamento dos títulos de vocação por força do mecanismo da imputação* (vd. arts. 2165º, nº 4, 2108º, nº 1, 2114º, nº 2, 2103º-A, nº 1, etc.), agudiza o problema da natureza jurídica da *legítima*.

Ordenamentos há que circunscrevem a sua "ratio", *a uma função meramente garantística*, não reconhecendo a autonomia da vocação legitimária (*v.g.* Direitos italiano e espanhol) adentro dos títulos de vocação sucessória, que seriam apenas o testamentário e o legítimo.

Entre nós, como se disse, a doutrina mantém a ideia da recondução legal do legitimário à posição de herdeiro.

2.2. As dificuldades *supra* enunciadas linearmente justificam, pois, que se dê ênfase *à temática da índole da "quota" legitimária* e, em especial, *à natureza das operações de imputação de liberalidades* que suscita, pois, de um modo ou de outro, ela será a "coluna vertebral", o eixo em torno do qual "roda" a efectivação da partilha. *Função estritamente garantística* do *quantum* da *posição sucessória do legitimário* ou, mais do que isso, *título autónomo de vocação* concorrente com os demais, a saber, o testamentário, o contratual e o legítimo? – *eis a questão, realmente fulcral.*

3. Por fim, outro vector essencial na apreensão do espírito do nosso sistema jurídico-sucessório embate na tutela das novas realidades familiares e, *maxime*, na *sobretutela do cônjuge sobrevivo* desde a reforma de 1977.

Haverá, antes, que delimitar obrigação de *alimentos* e *sucessão*; haverá, também previamente, que inserir no quadro dos sucessíveis o unido de facto sobrevivo, já que o art. 2020º lhe reconhece (em concorrência com os arts. 3º, alíneas *e*), *f*) e *g*) do art. 6º da Lei nº 7/2001, de 11 de Maio) um mero direito a alimentos à custa da herança; *mas terá sobretudo que se reflectir no ajuste duma possível "dupla tutela" do cônjuge sobrevivo: a nível familiar*, como *meeiro*, e *a nível sucessório* como *legitimário*; por fim, deverão corrigir-se as medidas legais *de favor jushereditário* reconhecidas ao cônjuge sobrevivo, *em detrimento dos filhos*, inclusive menores (*v.g.*, diferenciação do montante de *quotas*; não sujeição (?) à colação, etc.).

B) ***Tópicos para uma reflexão reformista jus-sucessória***

1. A *recondução da sucessão legitimária* a um título de vocação sucessória autónomo (art. 2027º), deve ser tecnicamente reapreciado.

2. Para além da *eliminação dos pactos sucessórios*, se inseridos em convenção antenupcial, parece também de revogar o art. 2029º, face à ínvia definitividade e complexa aplicabilidade do *regime da partilha em ida*.

3. Revisão do art. 2030º, procurando explicitar-se legalmente a *justificação substancial* para a distinção entre o herdeiro e o legatário. Conexamente, *reflexão crítica sobre a pertinência das diferenças de regime*, perante a lei aplicável.

4. Ponderação crítica da *situação jurídico-sucessória dos nascituros não concebidos* (arts. 2033º, nº 2 e 2240º, nº 1 do C.Civ.).

5. Clarificação dos campos de aplicação dos *institutos da indignidade e da deserdação*, e da sua eventual correlação aplicativa.

6. Conceptualização da *figura da vocação indirecta*, face à transmissão do direito de suceder e ao chamamento do sucessível subsequente: *o representante e a possibilidade de suceder também por direito próprio* (a duplo título).

7. *Operacionalidade jus-sucessória da estirpe, maxime* da *estirpe única*.

8. *Articulação funcional* das figuras do *herdeiro*, do *curador da herança jacente*, do *cabeça-de-casal* e do *testamenteiro*, na fase de jacência da *herança* (art. 2046º) e também da *herança adquirida mas não partilhada*.

9. Clarificação *técnico-jurídica do teor do art. 2067º* (subrogação dos credores).

10. *Reflexão crítica em torno do alcance e manutenção do instituto da colação*.

11. *Diferenciação funcional de imputação e colação*.

12. Na sucessão legal, possível sobrevalorização da aplicação da regra de *divisão por cabeça*, em qualquer das classes de sucessíveis (cfr. arts. 2139º, nº 1, 2142º e 2146º).

13. *Clarificação da natureza da indisponibilidade de legítima ou quota legitimária* (art. 2154º).

14. Reformulação do instituto da *cautela sociniana* (art. 2164º).

15. *Eliminação da figura do legado em substituição da legítima* (art. 2165º).

16. *Reforço da tutela da situação jurídica do donatário* na redução por inoficiosidade (arts. 2168º e segs.).

17. Revisão do elenco das situações geradoras de *indisponibilidade relativa* (arts. 2192º e segs.), *maxime* do art. 2196º.

18. Reflexão crítica sobre a temática da forma, interpretação e integração das lacunas do testamento, e sobre a falta e vícios da vontade (arts. 2187º e 2199º e segs. do C.Civ.).

19. Aferição da pertinência do *regime da indivisibilidade da vocação sucessória*.

20. Por fim, medidas ajustadoras do regime jurídico-sucessório das novas realidades familiares, *maxime* da união de facto, bem como do regime jurídico processual do inventário judicial (arts. 1326º e segs.) à lei substantiva.

21. Introdução de mecanismos tendentes à flexibilização de partilha, *v.g.* com o recurso mais amplo a *atribuições preferenciais*

C) ***Resposta às questões formuladas no Caderno de Encargos***

1. A primeira situação equacionada reporta-se à tutela dos ascendentes, hierárquica e quantitativamente desprotegidos legitimariamente, face à posição de primazia do cônjuge e descendentes (cfr. arts. 2157º, 2133º e 2142º) e à cessação da obrigação alimentar nos termos do art. 2013º. Apesar de tudo, o leque dos obrigados à prestação de alimentos é relativamente *alargado* [art. 2009º, nº 1, als. *a*) a *d*) e nºs 2 e 3], acrescendo que a sobrevivência dos ascendentes até representa uma óbvia *excepção*.

1.1. Quando muito, poderia pensar-se na criação de um *legado legítimo* em favor dos progenitores sobrevivos, incapazes de angariar meios de subsistência, traduzido numa *pensão alimentar* – onerando a *quota disponível da herança*, se legitimários não fossem – a qual poderia, inclusive, fazer despoletar a aplicação do art. 2164º (cautela sociniana).

Algo de semelhante ao benefício atribuído ao unido de facto sobrevivo, nos termos do art. 2020º, nº 1 do C.Civ..

Outra coisa não parece possível.

2. O outro *problema* apresentado pelo G.P.L.P. tem a ver com a *articulação*, já antes referenciada, *do regime de bens conjugal com o* *sucessório*. Interroga-se o G.P.L.P. sobre se o regime de separação de bens, adoptado em convenção antenupcial, não deveria conduzir logicamente ao afastamento do cônjuge sobrevivo da sucessão do outro.

Como acima se disse, parece imperioso – e é essa a lição do direito comparado – fazer conjugar a tutela do cônjuge, por via do regime de bens, com a tutela jus-sucessória. Mas a verdade é que a nossa lei civil, após a reforma de 77, não o fez, tendo antes reforçado a posição sucessória do *cônjuge sobrevivo, mesmo que meeiro*.

2.1. Assim sendo, o cônjuge sobrevivo, nos regimes comunitários de bens (comunhão geral, comunhão de adquiridos), para além de *meeiro*, será também *herdeiro* do que falecer. E é-o, inclusive, em *posição de privilégio*, relativamente, nomeadamente aos filhos, já que não está sujeito à colação (arts. 2104º e 2105º do C.Civ.) e, no que concerne à *sucessão legal "lato sensu"* (arts. 2139º, nº 1 e 2157º), poderá mesmo fruir uma quota superior à dos filhos (e seus descendentes), porque nunca menor do que uma quarta-parte da herança.

2.2. Se juntarmos ao que fica dito a *atribuição preferencial ao cônjuge sobrevivo*, a que se reporta o art. 2103º-A e B, é indiscutível a excessiva tutela legal do cônjuge sobrevivo, sobretudo se se atentar também no remanescente (?) instituto do *apanágio do cônjuge sobrevivo (art. 2018º)*.

O que se vem dizendo, *agudiza-se, entretanto, quando o casal tiver adoptado um regime comunitário de bens*, gerador da referida dupla situação de protecção do cônjuge, *porque meeiro e herdeiro*. Donde concluir-se que a dúvida suscitada pelo G.P.L.P. *não parece poder relevar*, pois o regime de separação de bens é até o único regime que não tutela, a nível patrimonial-familiar, o cônjuge sobrevivo, uma vez que não existe o património colectivo que corresponde à meação.

D) *Medidas mais urgentes*

1. Não vamos formular praticamente propostas concretas, a nível jus-sucessório. É que os propósitos reformistas exigem *medidas a não curto prazo*, após meditação global, profunda e sistemática.

1.1. Direi apenas que poderiam talvez ser retocados, desde já, o art. 2104º, em ordem a sujeitar o cônjuge à colação, e os arts. 2139º e 2142º, por forma a igualar as quotas hereditárias na sucessão legal (legitimária e legítima) *do cônjuge e filhos e do cônjuge e ascendentes*.

IV
Parte Geral do Código Civil
(arts. 1º a 13º, cap. I, títs. I e II)

A) *Mero enunciado de dúvidas e pontos de análise*

Trata-se de *matéria complexa e melindrosa, do ponto de vista jurídico*. Por isso, avançar-se-ão *meros tópicos* de trabalho, que remeterão para um futuro avanço do mesmo. A saber:

1. Possível *autonomização de toda esta matéria, de índole trans-privatística*, com inserção numa lei autónoma, de valor constitucional, quiçá (ou *reforçado*).

2. Derrogação da terminologia legal relativa *às normas corporativas*, e da recondução de quaisquer regras, dimanadas de organismos intermédios, a *fontes imediatas de direitos* (art. 1º, nºs 2 e 3 do C.Civ.).

3. *Tecnicização da noção de lei* (art. 1º, nº 2) – lei como *fonte de direito*, como *continente*; regra como *conteúdo*.

4. Revisão e uniformização do regime processual da chamada *jurisprudência uniformizada* (cfr. arts. 732º-A e 732º-B do C.Proc.Civ.).

5. *Exclusão da equidade*, como critério formal de decisão, do leque das fontes de direito.

6. *Idem* para o costume, com clarificação da natureza jurídica do *costume* como fonte de direito (?), face aos *meros usos*; seu definitivo enquadramento no art. 3º do C.Civ.

7. Quanto à *interpretação da lei*, suscita-se a questão de *hierarquização e precisão dos elementos de interpretação* (art. 9º), com tendencial valorização do *elemento sistemático e teleológico*; e a necessidade de uma opção inequívoca pelo *objectivismo-actualista* (art. 9º).

8. No que concerne à *integração das lacunas*, haverá que precisar o regime aplicável às *lacunas intencionais* (rebeldes à analogia?), *bem como a articulação funcional da analogia legis, analogia juris e da* *norma que o intérprete criaria* (art. 10º, nºs 1 e 3); com isto, traz-se à colação a tomada de posição sobre a *vexata quaestio*, talvez menos substancial do que a doutrina sugere, da *plenitude do ordenamento jurídico*.

9. Será ainda conveniente precisar o conceito da *retroactividade*, e dos seus limites (art. 12º, nºs 1 e 2); a natureza *retroactiva* ou não da lei, interpretativa face à sua integração na lei interpretada; os efeitos da retroacção legal face aos da declaração de inconstitucionalidade com força obrigatória geral (art. 282º, nºs 1 e 4 da C.R.P.).

10. Sugere-se como necessário que se reflicta na pretensa(?) ideia de *excepcionalidade* (art. 11º), que é uma característica imputável a certas normas, em termos no mínimo discutíveis; duvidoso será até que *existam verdadeiras normas excepcionais*, que mais representam recortes negativos do campo de aplicação de regras ditas gerais, já que elas próprias também expressam valores fundamentais do ordenamento. A natureza do chamado "jus singulare", e as suas consequências no domínio da interpretação e integração são um tema bem relevante.

11. Por fim, *os aspectos não normativos* do direito – equidade, cláusulas gerais, conceitos indeterminados, poderes discricionários, autonomia da vontade, momento aplicativo judicial – deverão ser eventualmente enquadrados e, talvez, tomados predominantemente como *projecções normativas e sistemáticas*, por isso legitimados juridicamente.

E concluo como comecei. Esbocei tópicos de uma reflexão continuável a médio prazo, sob impulso da política legislativa. Algo casuisticamente e em termos pessoais, elencaram-se aspectos mais carecidos de revisão, a propósito da pretendida reforma do C.Civil, pelo G.P.L.P..

Mãos à obra, sim, mas com efectiva especialização técnica e inerente coordenação funcional.

Lisboa, 24 de Outubro de 2003

Carlos Pamplona Corte-Real
Professor Associado da Faculdade de Direito de Lisboa

Relatório Preliminar

Faculdade de Direito da Universidade Católica Portuguesa

I

É nossa opinião que o livro sobre coisas e direitos reais é um dos que menos resistiu à passagem do tempo e apresenta soluções que podem hoje considerar-se, face à experiência de quase cinquenta anos na aplicação do código, infelizes e desajustadas à realidade portuguesa. Entre outras poderão colocar-se as seguintes questões:

1. Não será conveniente introduzir em Portugal o princípio "posse vale título", reforçando a tutela dos terceiros adquirentes de boa fé, não sujeito a registo?
2. Parece conveniente rever os meios originários de aquisição da propriedade e muito particularmente a acessão, mormente a acessão industrial imobiliária dado que a solução do código português, embora original, é labiríntica.
3. Importará também rever o próprio conceito de coisa e o de benfeitoria, aproveitando para autonomizar o regime jurídico dos animais.
4. Convirá também, porventura, esclarecer qual o regime jurídico do dinheiro, da natureza dos direitos que sobre ele incidem e da possibilidade de uma reivindicação de valor.
5. Convirá aferir da constitucionalidade do direito de uso e habitação, reportando-se como se reporta, sendo certo que parece tratar-se de um direito com pouca expressão na actualidade;
6. Relativamente aos direitos reais de garantia importaria cumprir o escopo não realizado do legislador do código civil e proceder a uma eliminação gradual dos privilégios creditórios, exceptuando-se porventura os privilégios em matéria fiscal, suprimindo sobreposições sobre hipotecas legais;
7. Importaria ainda repensar o instituto do direito de retenção transformado numa supergarantia;
8. Na hipoteca pode questionar-se o alcance e o sentido atribuídos ao princípio da indivisibilidade. De modo ainda mais drástico poderá perguntar-se, se convirá manter o nosso sistema de inspiração francesa ou evoluir para um sistema mais próximo do sistema germânico, em que se permite ao proprietário do prédio reservar graus hipotecários.

9. Ainda na matéria dos direitos reais, poderia também regulamentar-se a alienação fiduciária em garantia. De um modo geral, pode ainda questionar-se se o tratamento atribuído à posse de má fé não é excessivamente generoso, seja em matéria de usucapião e de benfeitorias necessárias.

II

Relativamente aos contratos em especial, afigura-se-nos que o regime da compra e venda deverá ser revisto em vários aspectos, quer integrando o regime da venda a consumidores, quer aproximando, sobretudo para a hipótese de falta de conformidade da coisa, ao regime da Convenção de Viena que, por razões que desconhecemos, nunca foi ratificada em Portugal.

1. Será, talvez, conveniente, à imagem do que fazia o Código de Seabra, regulamentar expressamente o contrato de troca, permuta ou escambo;
2. Convirá clarificar a fronteira entre a compra e venda e a empreitada;
3. Na doação, importará discutir se nos devemos manter fiéis ao conceito romano de doação, com um empobrecimento e um enriquecimento simétricos, ou se devemos evoluir para uma noção mais ampla de doação, que abranja a prestação gratuita de trabalho e até a cedência gratuita do gozo de uma coisa, hoje em dia autonomizada como um contrato de comodato;
4. Convirá ainda esclarecer em que medida é que a tradição de uma coisa móvel não sujeita registo, como sucedâneo da forma escrita é, na doação, satisfeita por um constituto possessório ou por outros actos incolores, tais como o depósito de quantias numa conta solidária;
5. Importará ainda regulamentar a doação modal, já que a solução encontrada para o incumprimento do modo ou dos encargos não parece suficiente;
6. Num mandato sem representação poder-se-ia ir mais longe na regulamentação da transmissão de propriedade para o mandante de bens adquiridos pelo proprietário em execução do mandato;
7. Convinha ainda regulamentar mais detalhadamente a chamada união de contratos (embora tal pudesse também ser feito na parte geral);

III

O livro de direito das obrigações parece-nos ter sido globalmente muito feliz na sua concepção e não carecer, no seu conjunto, de grandes alterações. Poder-se-ia, no entanto, propor as seguintes inovações:

1. Instituição de um mecanismo geral para restituição do lucro ilicitamente obtido;
2. Eliminação do princípio da subsidiariedade no enriquecimento sem causa;
3. Repensar a necessidade da interpelação admonitória para a conversão da mora em incumprimento definitivo;
4. Supressão da sub-rogação pelo credor como duplicação inútil face à figura da cessão de crédito (à semelhança da lei alemã e da lei suíça)

IV
Direito da Família:

Art.º 1576: fontes das relações jurídicas familiares: inclusão da comunhão de vida análoga às dos cônjuges.

Efeitos patrimoniais do casamento:

– art.º 1689.º: especificar que, na partilha de bens, deve ser contabilizado o valor económico do trabalho doméstico prestado durante a constância do casamento; excepções à regra da metade na partilha de bens, no caso de a mulher ter contribuído para a economia doméstica e para a educação dos filhos ou indemnização calculada de acordo com as regras do enriquecimento sem causa ou cálculo de uma retribuição como contrapartida dos serviços prestados, ou partilha da pensão de reforma do marido.

art.º 1714: princípio da imutabilidade do regime de bens; fará sentido mantê-lo?

art.º 1723, al. c) – admitir, nas relações entre os cônjuges, para efeitos de partilha, a prova da proveniência do dinheiro, por qualquer forma.

Divórcio:

Divórcio por mútuo consentimento: regressar à solução anterior de exigir um prazo mínimo de duração do casamento – art.º 1775, n.º 1

Exigência de, no caso de haver filhos, o divórcio por mútuo consentimento ser decretado pelo tribunal, alterando o regime actual que exige que os divórcios por mútuos consentimento sejam todos requeridos nas conservatórias do registo civil (DL 272/2001).

Poder paternal:

mudança das expressões poder paternal e menor para responsabilidades parentais e crianças

alterações dos arts 1905.º, 1906.º (especificação do conteúdo do interesse da criança; abandono da expressão exercício do poder paternal e centrar a questão na fixação da residência da criança junto de um dos pais, com períodos de convivência alargada com o outro progenitor; referência à violência doméstica como excepção à manutenção da relação da criança com ambos os pais) e 1911.º (investigar se a preferência da mãe solteira ainda se justifica, em termos sociológicos).

Tutela:

– necessidade de reforma do instituto em termos globais

Adopção:

Retroactividade dos efeitos da sentença de adopção à data do pedido de adopção plena (art.º 1973.º,n.º1).

Direito de os pais biológicos terem informações sobre o filho que foi adoptado, mantendo o segredo de identidade dos pais adoptivos.

Criação de figuras intermédias entre a guarda e a adopção, p. ex. a possibilidade de a guarda de uma criança ser confiada à guarda de um adulto com quem tem uma relação afectiva já constituída, em termos definitivos, mas sem corte com a família biológica.

Alimentos:

Art.º 2004: especificar a obrigação de manter, aos filhos e ao progenitor a cuja guarda as crianças estão confiadas, o mesmo nível de vida de que gozavam antes do divórcio.

Art.º 2016.º: fazer prevalecer o critério da necessidade sobre o critério da culpa e no n.º 2 eliminar as expressões, "excepcionalmente", "pode" e "por motivos de equidade".

Sublinhe-se que além da colaboração dos Docentes da Universidade Católica – nomeadamente Professores Carvalho Fernandes, Heinrich Hörster, José Engrácia Antunes, Brandão Proença, Júlio Gomes, Rita Lobo Xavier e Mestres Agostinho Guedes e Clara Sottomayor – o trabalho já realizado contou com a preciosa ajuda de Docentes da Escola de Direito da Universidade do Minho, nomeadamente os Professores Nuno Oliveira e Gravato de Morais e a Mestre Isabel Meneres Campos.

Relatório Preliminar
Faculdade de Direito
da Universidade Nova de Lisboa

Introdução

1. O presente relatório preliminar responde, na I parte, a todas as questões constantes do Caderno de Encargos, pronunciando-se, em relação a muitas delas, em sentido afirmativo quanto à conveniência da revisão legislativa correspondente. Na II parte do relatório inscrevem-se outras matérias reguladas pelo Código Civil cuja revisão merece ser também ponderada.

Em consequência da quantidade de questões em causa e da complexidade de que a maior parte delas se reveste é, desde já, previsível a impossibilidade de, no prazo e nos termos previstos, dar resposta final adequada a todas elas.

A Faculdade solicita por isso ao Gabinete de Política Legislativa e Planeamento que, com a brevidade possível, lhe dê indicações sobre aquelas que considera serem mais relevantes e prioritárias.

A Faculdade manifesta a sua disponibilidade para, em relação a determinadas questões, prescindir da sua análise em favor de outra Faculdade (como, em relação ao regime das fundações, se sugere no ponto I, 1.2, b) ou participar em grupos de trabalho específicos (como, em relação ao direito internacional privado, se sugere no ponto II, 2).

2. O relatório que se segue foi elaborado pelo grupo de trabalho para o efeito constituído pelos seguintes professores da Faculdade de Direito da Universidade Nova de Lisboa encarregados da regência de disciplinas integradas no grupo de Direito Privado:

>   Doutor José Lebre de Freitas
>   Doutor Carlos Ferreira de Almeida (coordenador)
>   Doutora Maria Helena Brito
>   Doutora Ana Prata
>   Doutor Rui Pinto Duarte
>   Doutor José João Abrantes
>   Mestre Luís Lingnau da Silveira

I
QUESTÕES COLOCADAS NO CADERNO DE ENCARGOS

1 – Pessoas

1.1. – Regime das incapacidades

Parece na verdade oportuno rever o regime jurídico das incapacidades e do seu suprimento, tal como consta do Código Civil.

É evidente a evolução que no último meio século se verificou quanto ao modo de encarar o estatuto social de certos grupos etários (crianças, jovens e idosos) e das pessoas portadoras de deficiência. Esta evolução já está de resto vertida na Constituição (artigos 69° a 72°).

Usando também como fontes de inspiração as alterações legislativas já consagradas noutros países, parece agora necessário aprofundar as suas repercussões no estatuto jurídico-civil desses grupos de pessoas. Nesta linha, a reforma a empreender deve:

- pôr em causa e redefinir os critérios e os regimes em que assentam os institutos da interdição e da inabilitação;
- rever os contornos da capacidade jurídica dos menores;
- criar fórmulas inovadoras adequadas ao enquadramento jurídico--civil dos idosos, em especial quanto à prática dos actos jurídicos que lhes são imputáveis.

1.2. – Pessoas colectivas

a) O regime jurídico das *associações* constante do Código Civil foi concebido sobre pressupostos que não incluíam a liberdade de associação. A revogação, em 1977, do artigo 169° não terá sido bastante para expurgar desse regime todos os resquícios da sua concepção originária.

Além disso, o direito português registou entretanto assinaláveis progressos na regulação das sociedades que, em termos técnicos, podem ser aproveitados para melhorar o regime das associações. Parece, por último, conveniente resolver por via legislativa as dúvidas subsistentes quanto à repercussão do fim e do objecto das associações na sua capacidade jurídica.

b) O regime jurídico das *fundações* necessita também de reforma, tendo designadamente em conta a sua proliferação em tempos recentes e a instituição, cada vez mais frequente, por entidades diferentes do padrão originário (um fundador singular, privado e dotado de elevados meios de fortuna).
A FDUNL só formulará porém propostas neste âmbito se, ou na medida em que, o respectivo projecto não vier a ser assumido pelos professores da Faculdade de Direito de Coimbra que foram incumbidos dessa matéria pelo Governo anterior[19].
Registe-se, ainda assim, que a reforma do regime das fundações não deve ignorar a conexão com a eventual introdução do *trust* no direito português como instituto geral ou com aplicação restrita a certas áreas (cfr. *infra* II, nºs 2 e 8, f).

2 – Coisas

a) Revisão da noção de coisa constante do nº 1 do artigo 202

Parece fora de dúvida que é oportuno discutir em que medida as críticas que a doutrina tem feito à definição legal em causa justificam a sua alteração.

Desde já, no entanto, exprimimos algumas reservas à utilidade de tal alteração. Resultam essas reservas de:

– a correcção teórica das definições legais ser irrelevante, ou quase, na medida em que as mesmas se destinam apenas a delimitar o âmbito de aplicação das normas para que relevam;
– não haver consenso doutrinário quanto à noção de coisa (do que parece resultar grande dificuldade em fixar um conceito que mereça consenso ou apoio alargado);
– a definição legal, apesar das críticas que tem sofrido, não ter, até agora, causado problemas de monta à aplicação das normas para que se reveste de importância.

Também queremos deixar, desde já, registado que uma possibilidade que merece discussão é a de a lei prescindir da definição de coisa.

---

[19] Cfr. Rui de Alarcão, "Fundações: que reforma ?", *Scientia Ivridica*, nº 294, 2002, p. 507 ss.

b) Revisão da enunciação das coisas imóveis constante do nº 1 do artigo 204

A enunciação em causa não parece ter causado quaisquer problemas à aplicação das normas para que releva. Consequentemente, não parece que a sua revisão seja tarefa prioritária.

Já as definições de prédio rústico e de prédio urbano constantes do nº 2 do mesmo artigo merecem reponderação. A necessidade e o sentido de uma revisão ligam-se à eventual extensão da reforma do registo predial (nos termos que adiante se abordam – cfr. II, nº 6, a), na medida em que as categorias de prédios utilizadas para efeito de registo predial não coincidem com as consagradas no Código Civil[20].

c) Exclusão dos animais da noção de coisa

A questão filosófica do estatuto dos animais e a questão da sua qualificação como coisas para efeitos do Código Civil são problemas separados.

Por outro lado, a questão do estatuto jurídico dos animais transcende em muito o direito civil, sendo de recordar que na ordem jurídica portuguesa vigoram vários diplomas dos quais resultam vários tipos de protecção dos animais[21].

Não parece que deva ser atribuído ao Código Civil o papel de lugar legislativo central do estatuto jurídico dos animais. No entanto, é de ponderar a introdução de uma proposição normativa que aponte no sentido da diferenciação dos animais relativamente às (demais) coisas. O § 90a do Código Civil alemão parece ser exemplo de uma boa opção legislativa.

---

[20] O registo predial opera, em larga medida, com as categorias fiscais – que não coincidem com as do Código Civil. Os principais casos de não coincidência são os seguintes: a) adopção pelo Código da Contribuição Autárquica (CCA) de um conceito de prédio mais amplo que o do Código Civil; b) não coincidência das noções de prédio urbano e de prédio rústico, nomeadamente em resultado da qualificação pelo CCA como prédios urbanos dos terrenos para construção, que à luz do Código Civil são prédios rústicos; c) utilização pelo CCA da categoria de "prédio misto", desconhecida no Código Civil; d) tratamento das construções que não se encontram incorporadas no solo, nem a ele materialmente ligadas com carácter de permanência, que para o Código Civil não são imóveis e para o CCA podem ser.

[21] Para uma enumeração dos mesmos, ver António Menezes Cordeiro, *Direito Civil Português I, Parte Geral*, tomo II, *Coisas*, Coimbra, Livraria Almedina, 2000, p. 219 ss.

3 – Declaração negocial

a) Forma legal e razões justificativas da forma

A evolução verificada desde 1966 aconselha a revisão das disposições do Código Civil sobre forma especial da declaração negocial, bem como a recondução, em alguns casos (mútuo incluído), da figura do documento como requisito formal do documento necessário apenas para a prova do negócio jurídico (a articular com a redefinição do conceito de documento, como se refere *infra* I, n° 4). Não se afigura, ao invés, que sejam de retirar do Código Civil, salva uma ou outra especialidade, as normas especiais sobre a forma negocial, relativamente aos negócios típicos que nele têm assento, ainda quando para eles se exija a intervenção do notário.

Referências a "razão determinante da forma" e similares (artigo 221°, n° 1 e 2, artigo 238°, n° 2) poderiam ser explicitadas ou substituídas por critérios mais precisos, o que pressupõe reflexão prévia e analítica sobre a(s) política(s) legislativa(s) subjacente(s) à exigência(s) de forma especial.

b) Forma de contratos celebrados por meio electrónico

Vigorando, em matéria de celebração de contratos, o princípio da consensualidade (artigo 219°), o direito civil português tem uma posição, em princípio, conforme com a exigência da liberdade de contratação por meios electrónicos. Por outro lado, uma vez que a Directiva de 8.6.2000 se compadece com a exigência de requisitos de forma respeitantes à intervenção de autoridades públicas ou oficiais públicos (artigo 9°, n° 2, b), esclarecendo o preâmbulo que tal se aplica também aos reconhecimentos (n° 36), não é necessária a alteração do texto das disposições gerais do Código Civil sobre a forma das declarações negociais para abranger as novas realidades da sociedade de informação. Ponto é que, como na respectiva sede se propõe (cfr. *infra* I, n° 4), se alargue a categoria dos documentos particulares por forma a, claramente, incluir o documento electrónico.

Quanto à própria definição de declaração negocial (expressa), tal como a encontramos no artigo 217°, n° 1, é suficientemente ampla para, sem qualquer dificuldade, abranger a comunicação electrónica.

4 – Prova documental

O Código Civil não pode continuar a ignorar as transformações sofridas pela figura geral do documento em função da evolução tecnológica verificada desde 1966. O problema não se põe exclusivamente quanto ao documento electrónico, mas põe-se sobretudo quanto a ele. A introdução desta nova figura no Código pode ser feita de duas maneiras:

- segundo a via da equiparação, tomada pela legislação avulsa sobre o documento electrónico (equiparação, nos termos do artigo 3º do Decreto-lei nº 290-D/99, ao documento particular assinado, ao documento residual do artigo 368º ou ao meio de prova livre);
- ampliando os conceitos de documento escrito e de documento particular, de modo que abranjam as novas realidades susceptíveis de representação escrita.

Numa revisão geral das categorias de documento, esta segunda via parece ser a preferível. Simultaneamente, há que repensar a previsão da norma do artigo 368º, cuja redacção está completamente desactualizada, bem como a noção de cópia para os efeitos dos artigos 383º a 387º do Código e, bem entendido, o conceito de assinatura.

A integração de algumas normas sobre o conceito e o valor do documento electrónico no Código Civil não deve, porém, ser acompanhada pela integração de pontos de regime que a contínua evolução tecnológica aconselha que continuem a ser tratados em legislação avulsa (sobre, designadamente, o tipo de assinatura nada deve o Código dizer). Do mesmo modo, a revisão do artigo 368º, embora apoiada no estado actual dessa evolução, deve apontar para conceitos suficientemente indeterminados para que novas evoluções não forcem a frequentes alterações do texto (caso contrário, seria preferível deixá-lo como está).

Todo o capítulo da prova documental deve ser revisto nesta perspectiva de adequação, sem que, porém, a vertigem das transformações sociais faça perder de vista as razões de segurança que presidem à atribuição de valor legal à prova documental.

5 – Contratos

5.1. – Celebração de contratos por meios electrónicos

Como se deixou dito na tomada de posição sobre o ponto I, nº 3, o princípio da liberdade de celebração de contratos por meios electrónicos vigora já, por força do artigo 219º Outro ponto é o de saber que contratos é que, não obstante esse princípio e a integração do documento electrónico "assinado" na categoria do documento particular, é de excluir que possam ser celebrados por esses meios.

A questão é então saber se há-de haver contratos, para os quais a lei hoje exige o documento particular (assinado, mas sem reconhecimento notarial), que devam continuar a ser celebrados por escrito (na acepção tradicional), sem a possibilidade de o serem electronicamente, mal se compreendendo que se questione se podem ser celebrados por meios electrónicos (que impliquem assinatura digital certificada) contratos que hoje podem ser verbalmente celebrados (a questão é aqui apenas de prova, sujeita à livre apreciação do julgador). Não vemos, numa primeira análise, que sejam necessárias essas excepções, desde que permaneça firme a ideia de que a intervenção notarial se deve manter (de tal sendo notificada a Comissão nos termos do artigo 9º, nº 3, da Directiva de 8.6.2000) nos contratos em que a lei (Código Civil ou lei avulsa) a exige.

Tão-pouco as regras relativas ao processo de formação do contrato necessitarão, em princípio, de ser alteradas, pelo menos no Código Civil, porquanto, embora fundamentalmente pensadas para meios epistolares, guardam aplicabilidade à comunicação a distância por meios electrónicos.

5.2. – Cumprimento e não cumprimento das obrigações

a) Venda de bens de consumo

Tem entendido maioritariamente a doutrina e, com ela, a jurisprudência em Portugal que o Código Civil não contém um regime geral para o cumprimento defeituoso, sendo, por isso, de lhe aplicar analogicamente o que se encontra consagrado para a compra e venda de coisas defeituosas e o dos defeitos na empreitada.

Seria inútil estar, neste momento e nesta sede, a enunciar as críticas feitas ao regime da compra e venda de bens defeituosos. Desde o já longínquo, embora não desactualizado, texto de Baptista Machado sobre o tema, ninguém pode ignorar que esse é um regime que, desde o início, diríamos, se encontra desfasado da realidade e justifica substituição. Ora, no nosso ordenamento temos um regime, destinado a um contrato em especial – embora, por força do artigo 939º, do Código Civil, aplicável não apenas a esse – que reclama modificação. Por outro lado, grande parte dos aplicadores do direito entendem que existe uma lacuna no Código relativamente às regras aplicáveis ao cumprimento defeituoso. E, por fim, temos um diploma avulso que define um regime jurídico aplicável a grande número de compras e vendas – que consagra, no essencial, soluções adequadas, quer para os contratos a que se destina, quer para o cumprimento defeituoso, em geral. Somos assim de opinião que deve aproveitar-se o ensejo para repensar, na mesma ocasião, soluções – em grande medida semelhantes, aliás – para suprir a lacuna que existe (para quem entende que existe) e para adequar o regime da compra e venda de coisas defeituosas.

Significa isto, em suma, que, respondendo positivamente à pergunta colocada pelo que respeita à codificação e generalização do regime da compra e venda para consumo, se estudará e elaborará uma proposta de articulado para o cumprimento defeituoso em geral e se ponderará a necessidade e a utilidade de definir um novo regime para a compra e venda de coisas defeituosas – semelhante àquele – ou de eliminar esse regime especial, optando pela aplicabilidade à compra e venda de tal regime tornado geral.

b) Atrasos de pagamento

Os conceitos por meio dos quais a Directiva 2000/35/CE recorta a realidade económica são diversos dos tradicionalmente usados nas leis portuguesas. O próprio conceito-chave de "transacção comercial" não tem correspondência em nenhum conceito jurídico português. Na verdade:

– a palavra "transacção", no sentido em causa, não tem precedentes significativos na nossa linguagem jurídica, sendo difícil estabelecer uma correspondência entre ela e os conceitos tradicionais de "acto", "negócio" e "contrato";
– ainda que se dê de barato que "transacção" tem o sentido de "acto" ou de "negócio", não será possível identificar o conceito de "transacção comercial" usado na Directiva com o conceito português de "acto de comércio", na medida em que aquele, ao contrário deste, abrange todas as actividades económicas – incluindo a agricultura, o artesanato e as profissões liberais, que o Código Comercial português deixa de fora do seu âmbito.

Afirmar o que se afirmou é, por outras palavras, dizer que a matéria objecto da Directiva é, à face das categorias portuguesas, em parte direito comercial e em parte direito civil. Daqui decorre essa grande dificuldade de coordenação das regras resultantes da Directiva com o Código Civil e o Código Comercial: não é possível inserir essas regras nem apenas no primeiro nem apenas no segundo de tais diplomas.

Essas dificuldades de inserção das regras da Directiva nos nossos quadros legislativos recolocam o velho – mas não resolvido – problema da reforma do Código Comercial, na parte que ainda vigora, ou seja, em matéria de obrigações e de contratos em especial. Obviamente, estoutro problema traz à discussão a igualmente velha questão da separação legislativa das matérias civis e comerciais. Fica assim (re)levantado, a propósito de um problema importante, mas localizado, um outro problema que contende com o próprio âmbito do Código Civil.

Por último, indo directamente ao encontro da pergunta, é de realçar que algumas regras resultantes da Directiva divergem das regras tradicionais do nosso direito. É o caso de:

– o conjunto de regras supletivas sobre o vencimento da obrigação de pagar o preço;
– a regra de que o credor (de obrigação pecuniária de fonte contratual) pode exigir, em razão da mora do devedor, uma indemnização determinada com base noutro critério que não o da aplicação de uma taxa de juro.

Tendo em vista o larguíssimo âmbito de aplicação da Directiva, não é possível tratar estas divergências como meras regras especiais, que não pusessem em causa as regras comuns. Na verdade, o referido primeiro conjunto de regras obriga a repensar a regra do Código Civil sobre o tempo do pagamento do preço na compra e venda[22] e a segunda regra obriga a repensar o regime da mora das obrigações pecuniárias de fonte contratual (cfr. *infra* II, n° 4).

6 – Posição jurídica dos consumidores

A inclusão da matéria dos direitos dos consumidores no Código Civil depende, em boa parte, de uma opção de política legislativa sobre a aprovação de um "Código do Consumidor", cuja preparação está em curso[23]. Se

---

[22] E talvez o modo pelo qual o Código Civil, no artigo 1156°, regula a prestação de serviço, ponderando se a regra sobre a retribuição do mandatário se ajusta à retribuição dos prestadores de serviços em geral.

[23] Cfr., por último, Pinto Monteiro, "Sobre o direito do consumidor em Portugal", *Estudos de Direito do Consumidor*, n° 4, Coimbra, 2002, p. 121 ss.

este código vier a abranger as matérias constantes das três alíneas da questão em análise, não fará naturalmente sentido a duplicação de preceitos no Código Civil e no Código do Consumidor.

A orientação dos trabalhos a realizar está portanto, antes de mais, dependente do que, a este respeito, venham entretanto a decidir a Assembleia da República e o Governo.

As reflexões seguintes, sobre certos pontos específicos, são em parte, independentes dessa opção.

a) Cláusulas contratuais gerais e contratos de adesão

No direito português, como no direito alemão, mas diferentemente de outros sistemas jurídicos, o instituto das cláusulas contratuais gerais e dos contratos de adesão pertence já ao domínio do direito comum, compreendendo muito mais do que o problema que historicamente o originou (invalidade das cláusulas abusivas em contratos de consumo) e que ainda corresponde ao direito europeu harmonizado (cfr. Directiva 93/13//CEE, de 5 de Abril de 1993).

A eventual aprovação de um Código do Consumidor não é por isso impeditiva da sua inserção no Código Civil, onde os diversos preceitos poderiam ser sistematicamente distribuídos pelos vários aspectos em que o regime se desdobra (formação do contrato, interpretação, integração, cláusulas proibidas). Nesta hipótese, no Código do Consumidor figurariam apenas as especialidades aplicáveis a contratos de consumo, designadamente as listas de cláusulas consideradas abusivas apenas em contratos de consumo (cfr. Decreto-lei nº 446/85, de 25 de Outubro, artigos 21º e 22º).

Poderia aproveitar-se a oportunidade para proceder a ajustamentos nas listas das cláusulas absoluta e relativamente proibidas em quaisquer contratos (cit. Decreto-lei, artigos 18º e 19º). Dentro dos limites da citada directiva comunitária, parece na verdade possível melhorar a sua compatibilização com os regimes gerais do Código Civil e repensar algumas soluções materiais.

b) Cláusulas contratuais gerais nos "cibercontratos"

Se o regime das cláusulas contratuais gerais passar para o Código Civil, este deve, no entanto, estabelecer claramente as adaptações que cada ponto nele regulado deverá sofrer na sua aplicação à contratação por meio electrónico.

Não bastará, por exemplo, remeter para um ficheiro onde elas se contenham; os meios técnicos disponíveis deverão garantir que a adesão a cláusulas contratuais gerais dependa da sua visibilidade efectiva pelo aderente em momento anterior à conclusão do contrato.

c) Contratos celebrados à distância e fora do estabelecimento do fornecedor

É duvidoso que estas matérias (incluindo as respeitantes a contratos celebrados através da internet) devam, em qualquer caso, ser inseridas no Código Civil, atendendo à sua especificidade e às mutações de regime a que previsivelmente continuarão a estar sujeitas.

Se, apesar de tudo, e na linha da reforma de 2001 operada no BGB, prevalecer a opção favorável à inserção esta deveria então abranger outros institutos com incidência na posição jurídica dos consumidores, tais como o crédito ao consumo, o direito de habitação periódica, as viagens organizadas e a responsabilidade do produtor (cfr. *infra* I, nº 7, b). O conjunto haveria de ser completado com o regime do direito de arrependimento que, no essencial, deverá ser comum aos contratos de consumo em que seja admitido.

7 – Responsabilidade civil

a) Indemnização pelo dano da morte

A *vexata questio* da indemnização pelo dano da morte é, ao contrário do que possa parecer, um problema menor, se tivermos em conta a pacífica orientação da jurisprudência na matéria, por um lado, e, por outro, que ela constitui tão-só o afloramento de duas questões, essas sim, mais latas e de incidência maior.

Referimo-nos, por um lado, ao problema geral da indemnização dos danos não patrimoniais e à sede da solução legal dele: enquanto todos os danos se encontram previstos no quadro do regime da obrigação de indemnizar, os danos morais estão, por motivos históricos que podem compreender-se mas que não o justificam, previstos no âmbito da responsabilidade delitual, o que, evidentemente, abre espaço a discussões e incertezas evitáveis.

A segunda questão, bem mais importante do que esta, é a da concepção da responsabilidade civil acolhida no Código. A meio caminho entre uma concepção reparatória e outra, punitiva, só uma clara opção unificadora e clarificadora da matéria permitiria resolver as inúmeras dificuldades de interpretação e variantes de solução que têm vindo a verificar-se, em especial na jurisprudência – neste ponto, como em tantos outros, mero eco de uma doutrina dividida, com códigos de pensamento diferentes e absolutamente inconciliáveis.

Vem isto a propósito da indemnizabilidade do chamado dano-morte: não havendo aqui qualquer dano reparável ou compensável, pode, até, no quadro de um regime de responsabilidade exclusivamente reparatório, admitir-se, por razões de política legislativa, a sua manutenção. Mas que ele não apareça como um dos elementos que, a par do artigo 494º e do artigo 497º, nº 2 e, bem pior, da confusão indeslindável dos artigos 503º a 508º e 570º, fazem da responsabilidade civil um atávico prolongamento da responsabilidade penal, da qual ela já há tanto se desligou nos direitos dos Estados culturalmente modernos.

Em conclusão: propõe-se o deslocamento do regime da indemnização dos danos não patrimoniais para a sede da obrigação de indemnizar; o texto legal terá uma proposta de reformulação – com ou sem consagração da indemnização pelo dano-morte, mas, em qualquer caso, com clarificação dos aspectos que, na disposição agora existente, são confusos, representando resquícios do texto do Projecto de Vaz Serra, que, tendo sido alterado em Revisão Ministerial, não o foram com a devida atenção, de forma a que ficasse um artigo coerente (referimo-nos, naturalmente, em particular ao nº 2 da norma).

b) Responsabilidade por produtos defeituosos

O regime da responsabilidade por produtos defeituosos parece estar suficientemente amadurecido e estabilizado para poder figurar no Código Civil na subsecção dedicada à "responsabilidade pelo risco".

8 – Doações

Em matéria de doações, propomo-nos tratar dos seguintes aspectos:
- sentido e alcance do "espírito de liberalidade", enquanto elemento essencial do conceito de doação;
- figuras afins da doação (*v.g.*, donativos conformes aos usos sociais);
- regime das doações remuneratórias;
- articulação da doação com outros institutos (*v.g.*, fundações, mecenato, atribuições previstas no artigo 6º, nº 2, do Código das Sociedades Comerciais).

9 – Direitos reais de garantia

a) Hipoteca legal

Não se vê necessidade de alteração do artigo 704º: por um lado, a norma do artigo 687º, inserta nas disposições gerais sobre a hipoteca, claramente se aplica a qualquer das modalidades desta; por outro lado, a referência no artigo à concretização da hipoteca ("pode constituir-se") salvaguarda a necessidade duma actividade que concretize o resultado "imediatamente" proveniente da lei. A formulação do artigo pode, sem dúvida, ser aperfeiçoada, mas o simples intuito perfeccionista não o justificará, uma vez que a redacção vigente não tem colocado problemas significativos de interpretação.

b) Imperatividade da execução judicial da hipoteca

A proibição do pacto comissório (artigo 694º) e a inexistência, no regime da hipoteca, duma norma como a que, no artigo 675º, permite a venda extrajudicial do penhor, levam à conclusão segura de que a execução da dívida hipotecária só judicialmente pode ter lugar.

Quanto à alteração deste regime no sentido de possibilitar, como para o penhor, a convenção sobre a execução extrajudicial, não se nos afigura aconselhável.

A nossa opinião é, pois, no sentido de não introduzir o preceito referido.

c) Hipoteca de imóveis arrendados

Segundo o artigo 2º, nº 1, m), do Código do Registo Predial, estão sujeitos a registo os arrendamentos por mais de 6 anos, disposição esta cuja manutenção não faz há muito qualquer sentido, uma vez que o arrendamento dum prédio urbano para habitação ou comércio por 6 meses cria normalmente um ónus muito mais gravoso e, no entanto, oculto.

Seria preferível, em nome da transparência e da garantia dos direitos de terceiros, nomeadamente do credor hipotecário, e considerando a transformação em regra prática do recurso ao arrendamento por duração limitada, sujeitar a registo (ainda que não a escritura pública, o que levará a alterar o artigo 1029º, nº 1, do Código) os arrendamentos que não tenham duração limitada ou a tenham por mais de 5 anos (artigos 98º, 117º, nº 2, e 121º do RAU) e recusando-lhes assim a oponibilidade a titulares de direitos registados anteriormente ao registo do arrendamento. Deste modo, o risco do credor hipotecário, para o qual, a verificar-se, apenas jogariam as normas relativas à substituição ou reforço da hipoteca (artigo 701º) e à perda do benefício do prazo para o cumprimento (artigo 780º, nº 1), ficaria limitado à existência de arrendamentos que não durariam mais de 5 anos, ainda que constituídos depois da hipoteca.

Talvez não se deva ir mais longe: tornar inoponível à hipoteca registada um arrendamento de 5 ou menos anos posterior poderia ter custos sociais (sobretudo no caso do arrendamento para a habitação) a evitar.

Deve, em compensação, ser invertida a regra da prevalência do direito de retenção sobre a hipoteca, o que pode conseguir-se, no caso do promitente comprador de prédio urbano, mediante a sujeição do direito de retenção às regras gerais do registo (por inscrição, nele, do contrato-promessa).

d) Constituição do penhor

Na verdade, no nosso direito, há, pelo menos, um caso socialmente relevante de penhor de coisas corpóreas em que o desapossamento (material) do dono é desnecessário: é o do penhor a favor de bancos regulado pelo Decreto-Lei nº 29.833, de 17 de Agosto de 1939[24].

As normas contidas nesse diploma levantam vários problemas, mas a sua resolução não cabe num estudo sobre o Código Civil. Não parece que a simples existência de uma (ou várias, mas, em todo o caso, poucas) excepção ao estabelecido no artigo 669º, nº 1, justifique a sua revisão.

e) Explicitação da admissibilidade do penhor de estabelecimento comercial

Actualmente, não parece facilmente questionável a admissibilidade, perante o nosso direito, do penhor de estabelecimento comercial. Os próprios preceitos legais referidos na pergunta são argumentos nesse sentido dificilmente contrariáveis. A explicitação dessa admissibilidade, contudo, parece ter a vantagem de pôr fim a qualquer dúvida.

---

[24] Não estamos a considerar aqui o penhor de estabelecimento comercial, por este não ser (ou não ser apenas) uma coisa corpórea. Por outro lado, explicitamos que, a nosso ver, o nº 1 do artigo 669º não é incompatível com o regime de penhor mercantil constante do artigo 398º do Código Comercial, pois este exige o desapossamento (material) do dono ou a entrega de documento que confira a "disponibilidade da coisa" (para usar a expressão do Código Civil).

Permita-se, porém, chamar a atenção para que o penhor do estabelecimento comercial – como todos os penhores sem desapossamento – levanta o problema do seu conhecimento por terceiros. Cremos que o legislador não se deverá referir à figura se simultaneamente não fizer depender a sua eficácia perante terceiros de um mecanismo de publicidade (provavelmente, a inscrição no registo comercial). Isso, obviamente, levará à necessidade de uma tal reforma se estender para fora dos limites do Código Civil.

Por último, é de sublinhar que uma tal alteração legislativa se ligaria à alteração do Decreto-Lei nº 29.833, referido na alínea d) *supra*.

f) Hipoteca e direito de retenção

A questão que neste ponto se suscita é matéria de opção político-legislativa, essencialmente. Todos conhecemos as circunstâncias que ditaram este preceito, em 1980. É preciso um estudo prévio, que não é apenas jurídico, que permita conhecer a realidade do mercado e prever a sua evolução e, em função desses dados, fazer as escolhas políticas e económicas, e, depois, jurídicas que forem consideradas mais adequadas.

Não cremos que, no tempo definido, e porque este trabalho implica recurso a especialistas que não são juristas, se possa assegurar uma proposta de solução definitiva, conservadora ou alteradora da actual, devidamente fundamentada e não previsivelmente contingente e vulnerável às pressões dos interessados que intervêm no mercado (ver, apesar de tudo, na alínea c) *supra*, uma sugestão de solução juridicamente simples).

10 – Direito da Família

a) Impedimentos dirimentes relativos

A evolução das técnicas de reprodução assistida não devem, por si mesmas, influir no elenco dos impedimentos dirimentes relativos. As razões morais e – sobretudo – biológicas que os justificam bastam para aconselhar a sua manutenção.

A questão põe-se, sim, desde logo em sede de direito bioético: deve ser completamente anónima a doação de esperma? Cabe, ao invés, instituir algum sistema de segredo limitado, que permita o acesso, restrito e através de profissional vinculado ao sigilo, que proporcione o controlo genético dos nubentes que o pretendam?

O exame pré-nupcial obrigatório, mesmo que só indicativo, como em França, esbarraria, entre nós, quase seguramente, com óbices constitucionais.

Mas pode não estar excluída a hipótese de instituição de um sistema facultativo de testes de ADN pré-nupciais. Só que esta é matéria que não deverá ser consagrada em sede de Código Civil.

b) União de facto

Justifica-se a inclusão no Código Civil do regime da união de facto.

Na perspectiva sociológica, e, mesmo, de evolução histórica da família, é generalizadamente aceite e preconizada a consideração da união de facto a propósito de novas formas ou modalidades da sociedade familiar.

Não se ignoram as razões ideológicas, e mesmo constitucionais, que têm obstado à inclusão do instituto da união de facto na lei civil geral. Mas não será impossível, se tais óbices se mantiverem, encontrar forma de regular a união de facto no Código Civil sem que isso implique, forçosamente, a sua equiparação à sociedade matrimonial. Anote-se, nesse sentido, que assim se legislou no Código Civil de Macau – fortemente influenciado pelo Código Civil português e elaborado com decisiva intervenção de juristas lusitanos.

Mas não se deveria cingir a esta mudança de sistemática a reapreciação do regime da união de facto. Caberia, ainda, desde logo, ponderar-se de novo o problema da prova da existência da união de facto. A lei actual terá querido, porventura, evitar a alegada rigidez de sistemas como o francês, baseado no registo dessa situação.

Mas a presente omissão de qualquer regra a tal respeito – obrigando a recorrer, nos termos legais, à confissão ou à prova testemunhal – tem-se revelado insuficiente, gerando não poucas dúvidas e perplexidades.

Haveria, pois, que encontrar solução probatória mais segura que a presente. Mas, além disso, a própria realidade social parece aconselhar que se robusteça, em termos adequados, a actual eficácia jurídica da união de facto.

E isso, sobretudo, no concernente aos seguintes aspectos:

– admissão de certas situações de "dívidas comuns" da união;
– possibilidade de opção dos interessados por situações de comunhão em relação a bens móveis (remunerações e não só) adquiridos no decurso da união;

- alargamento ao membro da união de facto do direito à percepção de indemnização por danos morais decorrentes da morte do outro, resultantes de facto gerador de responsabilidade civil;
- consideração (em termos de legitimidade e elegibilidade para tutela ou curatela) dos membros de união de facto no âmbito da interdição e inabilitação;
- integração dos membros da união de facto na seriação de classes de sucessores legítimos (após os irmãos? imediatamente antes deles?).

c) Poder paternal relativamente a progenitores não casados

O regime actual do artigo 1911º do Código Civil pode, porventura, ser aperfeiçoado sob vários aspectos. Assim:

- a presunção de que é a mãe que tem a guarda do filho deveria comportar certo limite temporal (por exemplo até aos 7 anos);
- essa presunção deveria poder ser ilidida por quaisquer meios, e não apenas judicialmente;
- a atribuição a ambos os pais, não casados, mas que vivam maritalmente, do poder paternal, deveria operar-se pura e simplesmente, e não depender, como hoje sucede, de declaração deles perante o registo civil.

11 – Direito das Sucessões

No âmbito da sucessão legitimária (e legítima dos herdeiros legitimários, no que concerne à quota disponível, que não seja objecto, no todo ou em parte, de válida e eficaz disposição testamentária), os assuntos a examinar são os seguintes:

a) justificação da sucessão legitimária face à actual realidade económica e social;

b) posição sucessória do cônjuge sobrevivo relativamente aos restantes herdeiros legitimários: será de manter? deverá o regime de bens do casamento, nomeadamente o de separação, reflectir-se no plano sucessório, condicionando positiva ou negativamente a posição sucessória do cônjuge?

c) efeitos sucessórios das uniões de facto, segundo a lei actual (*v.g.*, artigo 2020º): deverão manter-se ou ser revistos (cfr. *supra* I, 10)?

d) eventual reforço da posição sucessória legitimária e/ou legítima do cônjuge, descendentes e ascendentes que, pela sua incapacidade natural ou jurídica (menores, interditos) ou pela sua avançada idade, mereçam especial protecção da ordem jurídica;

e) partilha em vida (artigo 2029º): eventual incremento do recurso a esta forma de composição amigável dos interesses sucessórios, sem descurar, contudo, os seus perigos e inconvenientes;

f) colação: consagração da distinção entre colação e imputação de liberalidades em cada uma das quotas hereditárias, disponível e indisponível; extensão da colação ao cônjuge e ascendentes; reformulação do ónus real de eventual redução de doações sujeitas a colação (artigo 2118º), de modo a superar a actual ambiguidade da lei;

g) liberalidades inoficiosas: será de reforçar a defesa da expectativa sucessória dos herdeiros legitimários em vida do *de cujus*? será de manter ou alargar o prazo para exercer o direito à redução previsto no artigo 2169º? explicitação da natureza jurídica da acção de redução – nulidade, anulabilidade, inoponibilidade, ineficácia ou outra?

II
QUESTÕES NÃO COLOCADAS NO CADERNO DE ENCARGOS

1 – Questões de constitucionalidade suscitadas perante o Tribunal Constitucional

O Tribunal Constitucional foi por diversas vezes chamado a pronunciar-se sobre normas (ou dimensões interpretativas de normas) constantes do Código Civil e de diplomas complementares do Código, tendo proferido alguns julgamentos de inconstitucionalidade.

Proceder-se-á por isso a uma análise da jurisprudência constitucional, de modo a verificar se e em que medida as decisões tomadas devem, só por si, influenciar as propostas de alteração legislativa nos diversos domínios.

2 – Direito Internacional Privado

O texto do "Caderno de Encargos" não inclui qualquer referência às normas de Direito Internacional Privado contidas no Código Civil.

Entende-se no entanto que, se o Código Civil vier a ser alterado em consequência desta iniciativa, a revisão deve abranger igualmente as normas de Direito Internacional Privado.

Considera-se sobretudo conveniente compatibilizar as normas de conflitos do Código Civil com as que constam de convenções internacionais em vigor em Portugal – ou até, em certos casos, com as que constam de convenções internacionais ainda não em vigor, mas que se antevê que Portugal venha a subscrever.

Estão em causa, designadamente, convenções sobre obrigações contratuais (Convenção de Roma de 1980 relativa à lei aplicável às obrigações contratuais, concluída entre os Estados membros da União Europeia), sobre contratos em especial – como, por exemplo, os contratos de intermediação (Convenção da Haia de 1978 relativa à lei aplicável aos contratos de intermediação e à representação, celebrada sob a égide da Conferência da Haia de Direito Internacional Privado) ou os contratos de compra e venda (Convenção da Haia de 1986 relativa à lei aplicável aos contratos de compra e venda internacional de mercadorias, também celebrada sob a égide da Conferência da Haia) –, sobre o *trust* (Convenção da Haia de 1985 relativa ao *trust* e ao seu reconhecimento) e ainda sobre matérias do âmbito do estatuto pessoal, das relações de família e das sucessões (diversas convenções celebradas sob a égide da Conferência da Haia).

O estudo destas questões poderá ser realizado no âmbito da Associação de Direito Internacional Privado – actualmente em processo de constituição –, de que irão fazer parte os professores da disciplina, que exercem funções nas Faculdades de Direito das Universidades de Coimbra e de Lisboa e da Universidade Nova de Lisboa, bem como a Professora Isabel de Magalhães Collaço.

3 – Contrato-promessa

Além da eliminação ou reforma dos aspectos mais controversos do regime do contrato-promessa globalmente considerado (em especial, nos aspectos resultantes da reforma de 1986) há de ponderar, no mercado português, quais os mecanismos – que em outras ordens jurídicas já foram ensaiados – que podem, independentemente das conjunturas económicas de mercado, fornecer tutela a quem dela carece, sem especial agravamento das posições de terceiros que não devem ver as suas situações jurídicas debilitadas em razão da necessidade de protecção de uma das partes num contrato a que são alheios.

4 – Regime geral do incumprimento das obrigações

O regime actual do incumprimento das obrigações é complexo e confuso. O regime deve ser simples, claro e mais ajustado ao incumprimento das obrigações contratuais. Parece conveniente reformá-lo, sob inspiração de códigos civis mais modernos e dos *Princípios Unidroit* e dos *Princípios Europeus dos Contratos*.

5 – Responsabilidade civil

Propomo-nos estudar algumas normas da responsabilidade civil delitual, com proposta da respectiva supressão ou reformulação. A saber:

a) artigo 494º – a eliminar eventualmente, com as necessárias adaptações do artigo correspondente ao actual 496º;

b) artigo 491º – esclarecer a questão de saber se ele é aplicável apenas a inimputáveis ou também a imputáveis que tenham uma capacidade natural diminuída, mas não eliminada, relativamente ao acto danoso; clarificação ainda do âmbito da presunção nele contida que, parece ser na verdade uma dupla presunção de ilicitude e de culpa;

c) artigo 498º – alterar de forma a fazer depender a contagem do prazo especial de prescrição do conhecimento do agente pelo lesado, tornando desnecessário o expediente de recorrer ao regime do artigo 321º, para evitar a prescrição em muitos casos em que o lesado não pode efectivamente exercer o seu direito;

d) artigo 493º, nº 2 – ponderar, em articulação com a primeira parte do nº 3 do artigo 503º, a vantagem de nele consagrar claramente uma presunção de culpa dos condutores de veículos de circulação terrestre;

e) artigo 570º, em especial, o nº 2 – por nele se espelhar uma inconsequente concepção sancionatória da responsabilidade civil, indesejável na respectiva falta de linearidade e determinante de dificuldades de interpretação e de aplicação das normas, em especial no quadro da responsabilidade fundada em acidentes causados por veículos de circulação terrestre (por força da sua referência no artigo 505º);

f) todo o regime da responsabilidade por acidentes causados por veículos de circulação terrestre, matéria de enorme importância social que se encontra vertida em normas de difícil e controvertida interpretação, com tal desentendimento doutrinário que, não raro, os tribunais se alheiam quase por completo delas, para, sem apoio de qualquer espécie, mas apenas senso comum, resolverem os casos segundo critérios de equidade algo discutíveis.

6 – Direitos Reais

a) Registo Predial

Todas, ou quase todas, as normas sobre coisas imóveis apresentam articulações com o registo predial. Ora, o registo predial português carece de uma reforma profunda – entendendo-se por tal uma alteração de algumas das suas regras basilares.

Entre essas regras estão as que têm incidência sobre o sistema de constituição e de transmissão dos direitos reais. A afirmação da eficácia real dos contratos constante dos artigos 408º, nº 1, e 1317º, alínea a), pelo menos no que respeita às coisas imóveis, tem de ser repensada. A sociedade dos nossos dias, urbana e complexa, parece tornar absolutamente anacrónica a velha ideia de que o registo predial não deve "dar nem tirar direitos". A evolução no sentido do chamado carácter constitutivo do registo parece uma inevitabilidade.

A outro tempo, será um desperdício de meios proceder ao estudo da reforma do registo predial e não o ligar ao estudo da reforma dos demais registos públicos de imóveis, designadamente do registo para fins tributários.

A reforma do registo predial transcende, pois, o direito civil. Apesar disso, não queremos deixar de chamar a atenção para a sua relevância.

b) Propriedade horizontal

O regime da propriedade horizontal dá lugar a múltiplas dúvidas. Eis alguns exemplos:

1. A lei não prevê qualquer mecanismo de publicidade do regulamento de condomínio. Qual o momento em que o mesmo se torna obrigatório para os condóminos que não intervêm na sua aprovação?
2. O regulamento de condomínio pode dispor sobre outras matérias que não o uso, fruição e conservação das partes comuns (e das fracções autónomas, no caso do artigo 1418º, nº 2, alínea

b), nomeadamente sobre o funcionamento da assembleia de condóminos e o exercício do cargo de administrador?
3. A alteração do regulamento de condomínio que conste do título constitutivo da propriedade horizontal depende da unanimidade de que depende a alteração de tal título?
4. O regulamento inserido no título constitutivo pode alterar as maiorias previstas na lei, nomeadamente nos artigos 1422º, nº 3, e 1425º, nº 1?
5. O adquirente de uma fracção autónoma é responsável pelas "contribuições para o condomínio" que se tenham tornado devidas antes da sua aquisição?
6. O artigo 1421º, nº 2, é uma regra supletiva ou é uma presunção ilidível por qualquer meio? Recorrendo a um exemplo: se o título constitutivo nada disser sobre um certo pátio, será possível, à face de outros elementos, considerar que ele integra uma fracção autónoma?
7. O artigo 1422º, nº 3, aplica-se a todo o edifício ou só às fracções autónomas? Se se aplica a todo o prédio, como se coordena com a alínea a) do nº 2 do mesmo artigo?
8. O artigo 1425º, nº 1, aplica-se a todo o edifício ou apenas às fracções autónomas? Como se coordena o preceito em causa com o artigo 1422º, nºs 2 e 3?
9. O regime das assembleias de condóminos é altamente lacunoso (como exemplos, refiram-se a escolha do lugar das reuniões e a designação do seu presidente); não seria adequado estabelecer um regime subsidiário (v.g., o das sociedades anónimas)?
10. O nº 4 do artigo 1432º é (quase) letra morta; não será melhor adequar a lei à realidade social?
11. Não será melhor reflectir na lei a opinião, doutrinária e jurisprudencial, de que há deliberações da assembleia de condóminos que são nulas (e não meramente anuláveis)?
12. O nº 6 do artigo 1432 aplica-se a todas as deliberações da assembleia de condóminos ou só às tomadas nos termos do nº 5 do mesmo artigo?

À face da importância social da propriedade horizontal, as dúvidas que se exemplificaram parecem impor que qualquer revisão geral do Código Civil abranja a figura em causa.

c) Coordenação das regras da usucapião e da acessão industrial imobiliária com as regras sobre fraccionamento dos prédios

As regras sobre usucapião e sobre aquisição pelo construtor em prédio alheio ao abrigo da acessão industrial imobiliária não fazem referência às regras que fixam limites à possibilidade de fraccionamento dos prédios. Daí surgirem algumas decisões jurisprudenciais que afirmam que aquelas regras se aplicam com prejuízos destas[25].

Parecendo consensual a ideia de que a legislação (mormente a administrativa e, dentro desta, em especial, a urbanística) deve limitar a possibilidade de fraccionamento dos prédios, independentemente do modo de aquisição, deveriam ser introduzidas no Código Civil as referências necessárias para evitar a interpretação em causa.

d) Acessão industrial imobiliária

Autónoma do problema anterior é a questão de saber se o regime do artigo 1340º, nº 1, se justifica. Na verdade, segundo julgamos, há uma ampla convergência dos outros países europeus quanto à regra inversa e tradicional (a de que o proprietário do solo faz sempre suas as coisas construídas, plantadas ou semeadas por terceiro)[26]. Não será de reponderar o conteúdo do preceito?

e) Artigo 1310º

O regime fixado neste artigo – que transcende os direitos reais – parece discutível, como resulta de a jurisprudência se ter vindo a afastar muito do teor literal do preceito, com interpretações restritivas a mais de um título[27]. Cremos que é de ponderar a sua alteração.

f) Caminhos públicos

A omissão do Código Civil quanto aos caminhos públicos tem dado lugar a dúvidas quanto à existência de caminhos públicos que não sejam

---

[25] Foi o caso do acórdão da Relação de Coimbra de 28.3.00 (CJ XXV, tomo II, p. 31) e do acórdão da Relação de Évora de 26.10.00 (CJ XXV, tomo IV, p. 272).

[26] Ver Rui Pinto Duarte, "A Jurisprudência Portuguesa sobre Acessão Industrial Imobiliária – Algumas Observações", *Themis*, Ano III, nº 5, 2002, pág. 263, nota 19.

[27] Ver Ac. Rel. Coimbra 21.7.81 (CJ VI, tomo IV, p. 23), Ac. STJ 30.3.82 (BMJ 315, Abril 1982, p. 296), Ac. Rel. Coimbra 20.7.82 (CJ VII, tomo IV, p. 55), Ac. Rel. Coimbra 28.4.87 (CJ XII, tomo II, p. 97) e Ac. Rel. Lisboa 25.3.99 (CJ XXIV, tomo II, p. 96).

coisas públicas (isto é, que não pertençam a entidades públicas). A corrente negatória parecia prevalecente, mas o Supremo Tribunal de Justiça consagrou o entendimento contrário no assento de 19.4.89[28]. Posteriormente, a jurisprudência tem procurado restringir a interpretação fixada no assento[29]. Parece necessária uma intervenção legislativa para fixar uma orientação.

7 – Direito da Família

a) Casamento religioso não católico

Caberia integrar no Código Civil as regras da Lei da Liberdade Religiosa respeitantes ao casamento religioso não católico. E, ao fazê-lo, completar o respectivo regime, em relação a alguns aspectos carentes de regulação.

b) Divórcio e separação judicial por mútuo consentimento

Importa integrar no Código Civil o sistema de divórcio e separação por mútuo consentimento perante o conservador do registo civil, hoje constante do Decreto-lei nº 272/2001.

Nessa operação não pode deixar de cuidar-se da coordenação entre essas normas e as que no Código Civil se ocupam de matérias correlativas, em relação às quais a coordenação hoje não é cabal

c) Mediação nos processos de separação e divórcio

Tem sentido ponderar da inserção da mediação – para a qual já existem profissionais preparados – nos processos de separação e divórcio. Este sistema tem tido bons resultados em vários países.

d) Filiação

É insuficiente a abordagem legal de algumas recentes evoluções científicas na área da inseminação artificial, de fertilização *in vitro*, de doação de óvulos e embriões, da sub-rogação materna, com vista à prova da paternidade.

---

[28] DR, 1ª Série, de 2.6.89.
[29] Ver Ac. Rel. Évora 3.2.00 (CJ, Ano XXV, tomo I, 2000, p. 273), Ac. STJ 15.6.00 (BMJ 498, Julho 2000, p. 226) e Ac. STJ 19.11.02 (CJ-STJ, ano X, tomo III, 2002, p. 139)

Haveria que apreciar e discutir tais questões, por forma a apurar se algumas dessas questões merecem tratamento legal – como, por exemplo, sucedeu no Reino Unido através da Lei de 1990 sobre Fertilização e Embriologia.

8 – Direito das sucessões

Além das já referidas no ponto I, 11, outras questões em matéria de direito das sucessões parecem merecer reflexão em ordem a uma eventual reforma legislativa:

a) consagração expressa e regulação de um direito à informação a favor de herdeiros e legatários;
b) balanço da aplicação prática das alterações em matéria de inventário introduzidas pelo Decreto-lei nº 227/94, de 8.09, e possível revisão da orientação então adoptada;
c) consagração de uma habilitação (judicial, notarial, administrativa...) de legatários para além do caso em que toda a herança se encontra dividida em legados;
d) ponderação do âmbito e do conteúdo dos poderes de administração do cabeça-de-casal e prova desta qualidade;
e) inclusão no Código Civil do regime dos legados pios;
f) conveniência e oportunidade da introdução da figura do *trust* no nosso ordenamento jurídico.

Lisboa, 5 de Novembro de 2003

Carlos Ferreira de Almeida
Faculdade de Direito da Universidade Nova de Lisboa

ÍNDICE

TEXTO DE ABERTURA

É NECESSÁRIO OU CONVENIENTE REFORMAR O DIREITO CIVIL PORTUGUÊS? PRIMEIROS SUBSÍDIOS PARA A REFORMA DO DIREITO CIVIL
Assunção Cristas – Directora do Gabinete de Política Legislativa e Planeamento do Ministério da Justiça 5

ESTUDO SOBRE O CÓDIGO CIVIL

PROTOCOLO 9
CADERNO DE ENCARGOS 16

RELATÓRIOS PRELIMINARES 23

FACULDADE DE DIREITO DA UNIVERSIDADE DE COIMBRA 25
FACULDADE DE DIREITO DA UNIVERSIDADE DE LISBOA 31
Anexo ao relatório preliminar da Faculdade de Direito da Universidade de Lisboa da autoria do Prof. Doutor Carlos Pamplona Corte-Real 49
FACULDADE DE DIREITO DA UNIVERSIDADE CATÓLICA PORTUGUESA 69
FACULDADE DE DIREITO DA UNIVERSIDADE NOVA DE LISBOA 75